Langlois Sc.

ZOLOÉ

ET

SES DEUX ACOLYTHES,

O U

Quelques décades de la vie

DE TROIS JOLIES FEMMES;

Histoire véritable du siècle dernier:

PAR UN CONTEMPORAIN.

A TURIN;

Se trouve à PARIS,

Chez tous les marchands de nouveautés.

DE L'IMPRIMERIE DE L'AUTEUR,

Messidor, an VIII.

ZOLOÉ

ET

SES DEUX ACOLYTES,

OU

Quelque décade de la vie

DE TROIS JOLIES FEMMES;

Histoire véritable du siècle dernier.

PAR UN CONTEMPORAIN.

A TURIN;

Et se trouve à PARIS,

Chez tous les marchands de nouveautés.

L'AUTEUR

A DEUX LIBRAIRES.

BONJOUR , monsieur. Avez-
vous lu mon manuscrit ? excellent ! délicieux ! n'est-ce pas?
— Le manuscrit de qui ? de
quoi ? monsieur, je ne vous
comprens pas. — Parbleu ,
le trait est neuf ! Vous me de-
mandez, avant hier , trois jours
pour lire ma ZOLOÉ, et
vous.... — Parbleu, monsieur,
j'ai bien le tems de lire vos
productions ! Tenez, le voilà
ce répertoire de sornettes ; le
ciel vous conduise.

Monsieur, votre physionomie m'inspire de la confiance ; je ne doute pas que je ne trouve chez vous de quoi oublier le procédé indécent d'un de vos confrères. — Peut-être. De quoi s'agit-il en deux mots ? je n'ai qu'une minute. — Voici, monsieur, un manuscrit intéressant. Veuillez, je vous prie, en prendre lecture. Quant au prix qu'il mérite, c'est à votre délicatesse que je m'en rapporterai pour le fixer. Seulement, je stipulerai qu'il soit imprimé sur le champ. — Moi que j'achète, que j'imprime un manuscrit ! si je faisais ce commerce, ma boutique ne serait bientôt plus qu'une loge banale de foire. Non, monsieur, non. Je n'achète point de manuscrits; on me les donne, je prens mon tems pour les lire; et moyennant mes corrections et améliorations, je consens quelquefois à leur accorder l'honneur de les faire imprimer.

Je vous remercie, monsieur, de votre esprit; et quant a l'honneur dont vous parlez, je me le procurerai moi-même, et n'en aurai d'obligation à personne.

ARRÊT PROVISOIRE.

QU'AVEZ-VOUS, ma chère Zoloé? votre front sourcilleux n'annonce que la triste mélancolie. La fortune n'a-t-elle pas assez souri à vos vœux? Que manque-t-il à votre gloire, à votre puissance? votre immortel époux n'est-il pas le soleil de la patrie? Au faîte des honneurs, se peut-il que jusqu'à vous s'élèvent de sombres nuages? — Lauréda, ah! cruelle! avec quelle inhumanité tu te joues de mon chagrin! trève à ton odieux persiflage, ou je

ne te le pardonnerai jamais.
— Soit. Signons la paix ; et
elle embrasse Zoloé.

Pourrait-on, du moins, savoir, ma belle, à quoi attribuer
cet air noir et soucieux que ma
présence même n'a pu dissiper?
Le voilà, répond Zoloé en montrant un mince volume ; voilà
le serpent qui m'a piqué au vif.
Maudit soit le vil délateur qui
a osé révéler aux yeux d'un vul-
gaire profane les secrets mystères de notre confédération !

Lauréda, d'un leste coup-de-
main, se saisit de la brochure.
Est-il possible, Zoloé ? quoi !

c'est cette production éphé-
mère d'un auteur affamé qui a
dérangé la paisible circulation
de ton sang ! en vérité, tu me
ferais pitié, si je n'avais envie de
rire. Eh ! bravons les sots ca-
quets des prudes, les sarcasmes
des dévots, les satyres des jaloux et les petites trahisons des
papillons musqués ; voltigeons
de plaisirs en plaisirs, sans nous
arrêter jamais.

O ciel ! en regardant sa mon-
tre, il est deux heures ; et la
marquise n'arrive pas ! Adieu
donc, de la gaîté, ma reine.
En ouvrant la porte, Volsange

s'y présente ; Lauréda rentre avec elle. La cause du chagrin de Zoloé est remise en question et traitée de chimère.

Bref, on *arrête* de parcourir le *Livret*, d'en rire, et de laisser l'Auteur s'en tirer, comme il pourra, avec le public.

ZOLOÉ

ET

SES DEUX ACOLYTHES.

Portraits.

Zoloé sur les limites de la quaran-
teine n'en a pas moins la prétention
de plaire comme à vingt cinq ans. Son
crédit attire sur ses pas la foule des
courtisans, et supplée, en quelque sorte,
aux graces de la jeunesse. A un esprit
très-fin, un caractère souple ou fier
selon les circonstances, un ton très-in-
sinuant, une dissimulation hypocrite,
consommée ; à tout ce qui peut séduire
et captiver, elle joint une ardeur pour
les plaisirs cent fois plus vive que
Lauréda, une avidité d'usurier pour
l'argent qu'elle dissipe avec la promp-
titude d'un joueur, un luxe effréné qui
engloutirait le revenu de dix provinces.

Zoloé n'a jamais été belle ; mais à quinze ans , sa coqueterie déjà rafinée, cette fleur de jeunesse qui souvent sert de passeport à l'amour , de grandes richesses avaient attaché à son char un essaim d'adorateurs.

Loin de se disperser par son mariage avec le comte de Barmont , avantageusement connu à la cour , ils jurèrent tous de n'être pas malheureux ; et Zoloé, la sensible Zoloé ne put consentir à leur faire violer leur serment. De cette union sont nés un fils et une fille, aujourd'hui attachés à la fortune de leur illustre beau-père.

Zoloé a l'Amérique pour origine. Ses possessions dans les colonies sont immenses. Mais les troubles qui ont désolé ces mines fécondes pour les Européens, l'ont sévrée du produit de ses riches domaines, qui eût été si nécessaire ici pour alimenter sa prodigue magnificence.

LAURÉDA justifie l'opinion que l'on a conçu de la nation espagnole : elle est tout feu et tout amour. Fille d'un comte de nouvelle date, mais extrêmement riche, sa fortune lui permet de satisfaire tous ses goûts et son penchant décidé pour la singuliarité. Trois demeures dans différens quartiers les plus agréables de la capitale sont tour à tour les sanctuaires où elle va sacrifier sur l'autel du plaisir. Egalement éprise et des lubricités d'Ovide, et des fureurs de Sapho, elle a épuisé toutes les combinaisons de la volupté.

Lauréda n'a conservé de sa première beauté qu'une taille avantageuse, de belles dents, un bras charmant : mais les ans, et plus encore la fatigue des jouissances outrées, ont fait, sur son teint et ses traits, des ravages cruels que l'art de la toilette, le savant mélange du blanc et du rouge ne peut réparer. Ce n'est guères que dans la liqueur des petits soupers que ses yeux lancent encore de ces éclairs qui embrâsent le cœur d'un amant.

A son lever, Lauréda annonce trente ans ; dans l'éclat de sa parure, elle paraît en avoir dix de moins. Mais ce que le tems ne saurait lui ravir, c'est un excellent cœur, un zèle officieux qui se prête volontiers à obliger par son crédit et sa bourse même; c'est infiniment d'amabilité envers tout le monde.

On se persuaderait, en la voyant

sans cesse entourée du cortège des plaisirs, qu'elle est heureuse ; hélas ! elle porte dans son sein un ver rongeur, le regret mortel d'avoir admis , pour époux, un homme confondu autrefois dans l'obscurité de la valetaille. Elle a beau ombrager, chaque jour, le front de cet insolent parvenu de ce panache qui ne blesse que l'amour - propre : une rupture amiable, un divorce même consenti pour la paix commune n'a pu faire oublier à la méchanceté qu'elle a porté l'ignoble nom de FESSINOT.

VOLSANGE avait épousé non le marquis d'Obzembak, capitaine des Suisses, noble et vaillant comme Tancrède , mais sa fortune. Les liaisons du sang avec Zoloé ont renforcé les nœuds de la sympathie entre ces deux femmes.

B 3

Vive, quoique déjà près d'atteindre son sixième lustre, enjouée et folâtre ; comme sa cousine, elle n'a d'autre dieu que sa personne, d'autre bonheur que celui de jouir, d'autre tourment que la soif de l'or pour assouvir ses fantaisies et ses sens dévorés de convoitise.

Des hommes assez lâches pour abandonner la patrie malade à des empyriques, à des insensés qui l'ont tuée sous pretexte de la sauver, lui ont reproché d'avoir déserté leur parti. Elle se venge noblement de cette injuste prévention en servant avec courage, avec chaleur, les victimes de l'anarchie, les peureux, et ceux même qui ont à rougir de leur exaspération.

La beauté n'est rien ; ce n'est que le

soufle de la nature ; quelques années
l'ont bientôt flétrie: cependant combien
elle a de charmes pour nous séduire !
On ne peut l'entendre, sans être en-
chanté : tel est l'effet magique que
produit la présence de Volsange . Elle
porte sur un corps superbe , élevé , une
tête noble et pleine de graces Sur son
aimable visage et sur toute sa personne ,
sont réunis les attraits les plus piquans :
bouche divine, front couronné d'une
riche chevelure ; des yeux d'où jaillis-
sent mille traits de flamme, un sein que
ne peut contenir un voile jaloux , un
pied dessiné par l'amour... que d'autres
achèvent le tableau, je brise mes
crayons, ils sont impuissans pour le
rendre. Le jeu de sa physionomie annonce infiniment de finesse , de péné-
tration et de résolution. Son regard, comme celui de l'aigle , fixe avec rapidité.

Avec autant de moyens, quand on se jète dans la carrière de l'intrigue, on marque dans la société, on se fraie un chemin aux emplois, au crédit qui les obtient ; on se fait nombre de partisans et d'envieux.

Les exploits de Volsange dans les galantes escarmouches mettent son nom au dessus de ce qu'il y a eu de plus fameux dans le genre : elle mérite, et par le nombre, et par la variété, et par la quantité des heureux qu'elle a faits, de figurer avec honneur dans la fédération de Zoloé et Lauréda.

Mais quel est le trait d'union assez fort pour entretenir une si parfaite harmonie entre ces trois têtes si différemment organisées, entre ces prêtresses de l'amour souvent rivales ? le plaisir. Eh ! n'est-ce pas lui, n'est-ce pas l'intérêt personnel que l'on honore, dans les trois quarts des hommes, du beau nom d'amitié ? D'ailleurs, de quoi n'est pas capable l'incomparable d'Orbazan ? c'est lui le feu régénérateur du trio féminin. Il en est comme le moteur suprême ; il appaise, irrite, contriste, égaie, refroidit, échauffe, à son gré, ces ames versatiles à toutes les passions qu'on leur suggère. Ainsi se trouve résolu par la dextérité de cet adroit Mentor, le problême de trois femmes parfaitement et longtems unies de la plus étroite amitié.

Que l'on nous pardonne ces détails : ils vont nous conduire à démêler ce que présenteraient d'obscur les faits qui vont suivre. Nous imitons les peintres ; nous esquissons les traits principaux des personnages, avant de les repésenter en action.

Mariage diplomatique.
— Episodes.

Le Vicomte de SABAR.

Baron d'Orsec, soyez le bien venu. Je vous attendais avec impatience, je m'occupais de votre bonheur.

Le Baron D'ORSEC.

Sérieusement !

Le Vicomte de SABAR.

Très-sérieusement en vérité. Vous n'êtes pas riche ; rien de moins stable que les emplois et la faveur, dans un pays comme celui-ci. Un beau jour, avec toute votre gloire et vos services, vous pourriez bien ne conserver que

la cape et l'épée. Foi de gentilhomme,
il me paraîtrait dur d'en revenir à la
simple paie d'officier.....

Le Baron D'ORSEC.

Aussi votre prudence, dit-on, a
pourvu à l'avenir...

Le Vicomte de SABAR.

Vous croyez!... Je disais donc que,
pour vous mettre à l'abri des caprices
du sort, il vous faudrait faire un bon
mariage.

Le Baron D'ORSEC.

Ma santé, mes goûts, Vicomte, ne
s'accordent guère avec vos vues. Je ne
vous en remercie pas moins de votre
zèle. Vous le savez, mon ami, j'ai vain-
cu sans femme ; je puis vivre de même.

Le Vicomte de SABAR.

Quelle simplicité ! je vous donne une

femme mûre qui ne demande que votre nom, deux cent mille livres de bonnes rentes avec sa main, beaucoup d'amis...

Le Baron D'ORSEC.

Son nom ?

Le Vicomte de SABAR.

La comtesse de Barmont, Zoloé, toujours aimable, charmante, spirituelle, magnifique, du meilleur ton, d'une famille ancienne, d'une fraîcheur, ma foi, très-appétissante....

Le baron D'ORSEC.

Et d'une coquetterie....

Le Vicomte de BRASA.

Eh ! morbleu, qu'est-ce-que cet enfantillage, mon ami ? Veuve, elle a pu user de sa liberté ; mariée, elle se renfermera dans les bornes de la décence. N'est ce pas tout ce que tu demandes ?

le Baron

Le Baron D'ORSEC.

Mais pourquoi tant de générosité ,
mon ami? pourquoi ne pas garder ce
cadeau pour vous même?

Le Vicomte de SABAR.

Et ma femme!.. réponse donc avant
de me quitter.

Le Baron D'ORSEC.

Mais encore , qui vous a chargé de
cette mission ?

Le Vicomte de SABAR.

Prononcez le oui, et Zoloé ne dira
pas non.

Le Baron D'ORSEC.

J'entens....

____

Ah ! ah ! s'écrie en entrant le pétu-
lant Mirval, je vous trouve enfin ,
Vicomte. Comment diable , vous vous
faites céler à vos meilleurs amis ! et

C

sans attendre de réponse, savez-vous la chronique du jour? oh! non, je le parie. Vous autres diplomates, ne vous informez guère de ce qui fait rire les humains. Eh! bien, ne voilà-t-il pas le galant sénateur D***, l'homme le mieux timpanisé de France? Tout en achetant un chapeau, le paillard lorgna si bien la blanche main, la peau satinée, le sein rebelle, l'œil fripon de la marchande, qu'il sentit son cœur percé au vif de l'aiguillon d'amour. Visites multipliées sous différens prétextes, à des heures propices, propos gais, tentatives amenées avec art pour sonder la place, de petits cadeaux, la cuisinière gagnée ; tels sont les préliminaires d'usage.

La capitulation fut longue, mais enfin acceptée. L'époux de la belle par-

tait, chaque matin , vers les quatre
heures, pour sa fabrique, et ne re-
venait qu'à neuf , pour déjeuner.
C'est plus de tems qu'il n'en faut
pour le plus vigoureux athlète. Ainsi
la partie fut réglée, conclue , pour la
matinée du deuxième jour suivant.
Toinon, la complaisante cuisinière,
devait apposer une échelle, car le pru-
dent mari emportait en poche la clef
de la chambre ; on leverait une croisée à coulisse ; et l'heureux D*** se
trouvait au comble de ses vœux.

Mais point du tout. Le diable, ou
la jalousie plutôt lui préparait bien
une autre scène. Le garçon de boutique, grand, leste et bien fait; bras
nerveux, large dos, figure vermeille,
avait précédé le nouvel amant comme
substitut aux fonctions matrimoniales.

C   2

Ses yeux attentifs aux actions de sa maîtresse avaient démêlé l'énigme de son refroidissement subit.

D'un autre côté, Toinon qui, plus d'une fois, avait eu part à la surabondance de verve du jeune homme, lui confie dans un moment d'extase, le dénouement qui allait, sous deux jours, metttre l'amoureux D***, dans les bras de son amante.

Tous les noirs venins de la jalousie se rassemblent dans sa tête, il jure de se venger de la perfide ; et sur le champ, il en prépare le moyen. Il dénonce au chapelier, le complot formé contre l'honneur conjugal ; il soufle la rage dans son cœur. Le mari furieux ne méditait rien de moins que d'immoler à la fois l'adultère et son complice ; mais

réfléchissant qu'une semblable punition ne le vengeait qu'un instant et
l'exposait , il s'arrête à ce projet:

Tandis que D*** allait souiller de sa
présence , le sanctuaire des lois , le
chapelier court chez son épouse, lui
révèle le larcin que l'infidèle se propo-
sait de lui faire. Il lui proteste , il lui
jure que rien n'est plus vrai. Il l'amène à venir elle même être témoin du
crime, et à l'aider dans sa vengeance.
Madame D*** , jusqu'alors pleine de
confiance dans la sagesse de son mari ,
n'avait jamais conçu la moindre in-
quiétude sur ses excursions nocturnes.
Des affaires, lui disait-il, l'obligeaient
à passer la nuit au sénat; il avait allé-
gué le même prétexte pour se ménager
l'occasion de voir sa nouvelle conquête ; on feignit de le croire. Déjà

il triomphait; mais qu'il fut cruelle-
ment déçu dans son attente!

La chambre donnait sur l'encognu-
re d'un passage public peu fréquenté.
L'obscurité d'ailleurs protégeait de son
ombre ce mystère amoureux. L'échelle
est dressée. L'amant s'élance, la fené-
tre se lève. Déjà la moitié de son corps
était dans l'appartement de sa divinité, lorsqu'en même tems qu'une lumière brille, plusieurs voix s'écrient,
à tue tête, au dessous du galant: *Au voleur, au voleur!* Son amante, éperdue
à ces cris funestes, lâche la croisée
qui tombe avec force sur l'échine du
malheureux D***. Le garçon, son
rival, secoue l'échelle, la renverse,
laisse le grave sénateur pris dans ce
trébuchet, la garde arrive. Les éclats
de ris inmodérés se font entendre, à

la vue d'un homme suspendu en l'air.
Enfin le triste D*** est descendu et
conduit , confus et à moitié éreinté ,
entre deux fusiliers, chez le commis-
saire de police où il est relâché par
respect pour son caractère.

La chronique ajoute, mais sans en
affirmer la vérité, que, pour venger
complètement le chapelier, madame
D*** lui prodigua les mêmes faveurs
que son mari brûlait d'obtenir de la
belle chapelière.

Ce n'est pas tout : j'accourais plein
de cette anecdote, pour la raconter à
madame la marquise de Mirbonne,
lorsque dans le petit Carousel, je
rencontre deux forts qui portaient sur
un brancard, une espèce d'homme
couché et enveloppé de la tête aux

pieds, dans un manteau bleu. Je m'i-
magine d'abord que quelqu'affaire
d'honneur avait envoyé le personnage
dans l'autre monde, et qu'on allait le
remettre à sa famille pour en disposer.
Je demande à l'un des porteurs, avec
un air d'intérêt, de quoi il s'agissait.
Suivez-nous, me répond-il, vous en
jugerez. Le brancard s'arrête a la
maison du sénateur C***, car c'était lui-
même qu'on promenait dans cet équi-
page. Sa figure couperosée, des yeux
qu'il roulait pleins de vin, des paroles
sans suite, des gestes d'insensé, des restes
impurs qui sortaient de sa bouche et
dont ses habits étaient tout dégoûtans,
me firent bientôt connaître la cause
de l'état indécent où je trouvais l'un
des représentans de la France.

Comme au vrai ce spectacle paraissait m'affecter , l'un des porteurs en sortant me dit : vous êtes bien bon, citoyen, de plaindre le citoyen C*****. Cinq fois par décade, notre ministère lui est nécessaire. Que diable voulez-vous qu'il fasse ? C'est aujourd'hui un entrepenneur , demain un fournisseur , une autre fois un chef de bureau ou tel autre avec lequel il a quelqu'intérêt à démêler, qui l'entraîne chez un traiteur. Ce n'est que là, en vérité, qu'on peut parler affaire. Il n'y a que la première bouteille qui coûte à avaler. Trente et quarante la suivent , et il n'en faut pas moins du tiers pour mettre l'officieux C***** en belle humeur.

Le porteur allait continuer sur ce ton ; mais pressé d'arriver au lever de la marquise , je me hâtai de le quitter et de traverser les Tuileries. Ici, dans une allée étroite , j'apperçus de loin , un homme qui se démenait comme un fou ; il se frappait le sein des poings, et la tête contre les arbres. En approchant , j'entendais des sons confus qui semblaient le mugissement d'un taureau en fureur. Bientôt je fus assez près pour distinguer ces paroles. Malheureuse passion du jeu, s'écriait-il! j'ai tout perdu ; plus de ressource, ma réputation est à jamais flétrie. J'ai épuisé la caisse qui m'était confiée ; je n'ai pas rougi d'emprunter et de nier le prêt qu'on m'a fait. Comment ai-je l'audace de siéger encore parmi les législateurs ? . . . Oui, je renonce au jeu, je veux réparer..... Puis s'arrêtant tout-à-coup : mais qui sait si la fortune me sera toujours contraire ? laisserai-je mes antagonistes se pavaner de mes dépouilles ? non, non, il me faut ma revanche. Il me reste un autre dépôt. Si je gagne, eh! bien, tout sera dans l'ordre. Si je perds, que me restera-t-il à faire qu'à mourir ? J'enfilai une autre allée, après avoir entendu ces mots ; mais à la stature et au son de voix, il ne me fut pas possible de ne pas reconnaître le représentant S****.

O mon ami, ajouta le vicomte, après que l'infatigable conteur eût fini, que je vous ai gré de votre zèle ! puis lui frappant sur l'épaule et lançant au Baron un regard pénétrant : Puissent-ils tous combler la mesure et accélérer le jour de leur nullité!...

Le chevalier Mirval, impatient d'aller, le même jour, colporter dans

vingt cercles , ces scandaleuses nouvelles , disparut comme l'éclair et lais-
sa les deux amis libres de renouer leur
entretien précédent.

Il fut arrêté que d'Orsec irait se
présenter incessamment chez la comtesse , et qu'il ratifierait la négocia-
tion dont le baron avait été le ministre plénipotentiaire.

Petite maison.

Petite maison. — Surprise.

Zoloé, rayonnante de la joie d'é-
pouser un héros, avait convoqué ses
deux amies pour leur confier son bonheur prochain. Un ample dîner avait
suivi la confidence ; on y avait pompé
largement le nectar de Madère. Son
feu électrique avait passé dans les veines
de la bouillonnante Volsange ; et tous
les ressorts de son être étaient quadru-
plés de leur élasticité naturelle. Rom-
pant tout à coup la grave dissertation
entamée par un parasyte sur le joug
matrimonial ; au cabinet, dit-elle à Zoloé ; et se levant avec impétuosité, j'ai
à vous parler, madame la fiancée, et
à Lauréda. Toutes trois entrelassent

D

autour de leurs corps, leurs jolis bras ; et après une modeste révérence aux assistans, elles s'enferment dans le secret parloir. Tiens, ma belle, en embrassant Zoloé avec feu, je t'avoue que je me sens dévoré d'un besoin toujours renaissant et jamais satisfait... Tu m'entens, coquine ; il faut ce soir, oui, que cette soirée soit marquée par quelqu'avanture qu'on ne lit point dans les romans. Tous ces adorateurs à la violette, ces prétendus Hercules à dos voûtés, à chevelure écourtée, à pantalons flotans, à figure hérissée de poils, avec leur voix flûtée et leur gazouillement perpétuel d'amour, tendresse, constance, m'excèdent de leurs ridicules, et plus encore de leur impuissance. Oh! c'est assez, c'est trop d'avoir eu si longtems des preuves de leur caducité précoce. Je veux donc, et vous ferez

de même, oui, je veux de la réalité;
au diable, ces frélons qui promettent
ce qu'ils ne peuvent donner. Que de
robustres athlètes remplacent ces Adonis pusillanimes; que semblables à ces
gladiateurs romains, infatigables à porter et à recevoir des coups, ils nous
disputent chèrement la victoire; com-
battons corps à corps, et que celui qui
l'aura emporté en courage soit déclaré
Roi de luteurs de Cythère; qu'il porte
pour diadéme une couronne de mirthe,
de pampre et de roses. Ainsi dit l'em-
brâsée Volsange, et fut applaudie à
outrance par ses voluptueuses compagnes.

Cependant est proposé et adopté un
amandement par la prudente Lauréda.
Chacune choisit et jète dans un galant
chapeau faisant l'office d'arne, le

nom d'un maître connu dans ce genre d'escrime. L'officieuse main de la soubrette Susanne tire les billets. Par-mesan (1) sort pour Lauréda ; Pacô-me (2) pour Volsange, et Fessinot (3) pour Zoloé.

------

(1) Fameux Froteur auvergnat qui pendant dix ans avait froté la cour et la ville. Une grande princesse jalouse de faire passer à la postérité les riches formes de ce vigoureux gar-çon , orna son boudoir de sa statue en marbre.

(2) Pacôme , ex - capucin de Meudon , célèbre par sa faveur auprès des duchesses et et marquises , comtesses et baronnes dont il savait à merveille appaiser le démon de la chair. Tant que ce grand homme vécut , la pitance des révérends serviteurs de S. François , va-ut celle des orgueilleux enfans de S. Bénoit.

(3) Epoux de Lauréda cité par toute la gente femelle comme le Calpigi des maris.

Fessinot ! quoi Fessinot , s'écrie Zoloé avec un dépit furieux ! c'est une trahison ; un tour affreux : quoi cet éffilé pédant, cet odieux Calpigi serait mon lot !... pourquoi non, répond en éclatant de rire l'heureuse Volsange ? cousine (1), le sort te sert mieux que tu ne penses. C'est un petit prélimi-naire du cher mariage. Crois moi, il est bon d'avoir un avant-goût de l'avenir qui t'attend. Eh ! bien soit, reprend Zoloé en s'éfforçant de donner le chan-ge à son chagrin. Que Fessinot soit appelé, puisqu'on le veut ; nous en ferons ce qu'il plaira à mon caprice, le sort ne me prescrit pas autre chose.

Dans le voisinage des Champs Élysées,

____

(1) Zoloé lui fait l'honneur de la traiter ainsi.

est une *petite maison*, vrai chef-d'œuvre d'architecture érotique. Figurez-
vous d'abord un vaste et superbe bosquet où sont rassemblés les plus rares
arbustes de toutes les parties du monde.
Des allées qu'un heureux mais savant
désordre a ménagées, n'ont rien ôté à
la nature de ces formes originales qui
flatent l'œil, émeuvent le sentiment.
Des monticules ont été exhausssées et
forment les perspectives les plus pit-
toresques. Rien surtout n'est admirable comme l'ombrage que procure un
massif d'un double rang de superbes
hêtres au milieu desquels est situé
l'asyle solitaire où vont s'abymer, dans
des torrens de volupté, les couples
heureux que les tendres amies y rassemblent. On n'y arrive qu'à travers
un labyrinthe d'allées, dont il faut
avoir l'itinéraire pour saisir la véri-

table qui conduit aux *Délices*. C'est
ainsi qu'on appèle ce séjour enchanteur. Un ruisseau limpide serpente
avec mille sinuosités dans les bosquets,
et va former un cordon bordé de lilas,
de jasmins d'accacias et de saules pleu-
reurs autour de l'habitation. Un pont-
levis, dernière précaution de sûreté ,
en défend l'accès aux profanes.

Au premier aspect, on s'imaginerait
entrer dans une Chartreuse. Rien n'y
présente qu'un isolement profond. On
y a même élevé une espèce de clocher.
Le bâtiment qui le porte, annonce un
temple ; on y célèbre, il est vrai, les
mystères d'un dieu, mais ce ne sont pas
ceux du dieu de la continence ; cet
édifice n'est pourtant que comme l'avant
scène du palais enchanteur que nous
essayons de décrire. L'usage en est

abandonné aux agens admis dans la
confidence nécessaire pour y introdui-
re et y voir les favorisés personnages
que l'on juge dignes d'y offrir l'encens à la divinité du lieu. Plus loin,
est une rotonde magnifique portée sur
des colonnes de marbre jaspé. Des sta-
tues nues occupent les intervalles ; elles
représentent tout ce que les imagina-
tions les plus licencieuses ont enfanté
de plus propre à provoquer aux amou-
reuses jouissances. Les maîtres les plus
habiles n'ont pas rougi de consacrer
leur ciseau à ces chefs-d'œuvre d'obs-
cénité. Les fontons sont décorés de
guirlandes travaillées avec un fini
précieux. Le dôme est surmonté d'un
Satyre qui regarde avec une complaisance infinie les prodigieuses marques
de sa virilité. Une jeune nymphe debout sur le céintre qui domine le por-

tique, attache à la même partie des yeux
enflammés. Le portour est garni d'une
armée d'amours qui lancent des flèches
sur tous ceux qui se présentent. Au
milieu du ceintre, on lit ces mots gra-
vés en lettres d'or : *Temple du plaisir*; au dessous, ceux ci en lettres de
feu : *jouir ou mourir.*

L'intérieur efface tout ce que l'on
vante de la luxure des voluptueux
monarques de l'Orient. Tout a été cal-
culé pour le ravissement de tous les
sens. Eût-ont le sang glacé d'un vieil-
lard septuagénaire, il ne serait pas
possible de rester inanimé à la vue des
inventions infinies destinées à exciter ,
ranimer, prolonger l'ivresse du bonheur. Des cassolettes remplis des par-
fums les plus suaves ; des glaces qui
réfléchissent de toutes parts les objets ;

des ottomanes d'une mollesse, d'une
richesse étonnantes ; des lustres d'or
dont la tige soutient tous les attributs
naturels de l'amour ; des flambeaux en
gaine d'une forme extraordinaire ; mille
autres meubles précieux ornent le premier salon. Ce n'était que le prélude
de ce que renferme le salon suivant.
Toutes les colonnes en sont de la por-
celaine la plus parfaite qui soit jamais
sortie de la main des hommes. Il est
impossible de voir rien d'aussi admirable que les diverses peintures qu'on
y a mariées. Elles offrent en miniatu-
re tout ce que la fable a raconté des
amours des divinités payennes. Le
coloris, l'expression, la nudité en sont
si gracieux, si vrais, si naturels qu'on
peut les regarder comme le plus su-
blime effort de l'art. Eh ! bien, toutes
ces merveilles cessent de l'être à la

comparaison des innombrables beautés
du même genre qui tapissent les lam-
bris, les plafonds, les dossiers des lits,
des fauteuils, des sophas, des écrans,
et jusqu'aux vitraux des chapelles con-
sacrées aux *secrets mystères*.

Vainement croirait-on qu'après les
expériences de la fameuse Justine, il
n'est pas possible d'inventer de nouvelles attitudes dans les amoureux dé-
duits. Zoloé, Lauréda, et l'insatiable
Volsange ont infiniment enrichi ce répertoire de lascivetés; et jamais galerie
de princesses ne fut aussi complètement
ornée dans ce genre. Les gravures sont
d'une suavité de goût, d'un burin si
moëlleux; les formes ont été si heu-
reusement saisies par les artistes, ils
ont si bien pris la nature sur le fait,
que chaque morceau rend trait pour

trait l'action même. Ajoutez à ceci une odeur d'ambroisie qui embaume ; des lits de repos dont le mol édredon, les fleurs de roses qui les jonchent, eussent fait envie au plus efféminé chanoine ; les glaces qui reproduisent, autour et audessus des objets, les mouvemens émanés des sensations les plus vives ; un demi jour adroitement ménagé par la coquetterie ; tous les instrumens que l'art a ajouté comme moyens de résusciter les facultés abattues ; des liqueurs spiritueuses, vrai stimulant d'ardentes voluptés ; mille autres accessoires fastidieux à décrire, mais précieux pour l'occasion : tellle est la surprise ravissante que préparent à leurs conquêtes souvent nouvelles, ces prêtresses infatigables du dieu de Cythère. La propriété de ce charmant pied à terre leur est commune. Elles

ont

ont sacrifié à son embellissement, des sommes immenses. Mais à quoi doivent servir les richesses? si ce n'est à embellir tous les instans de son existence. D'Orbazan, Sabar, Mirval, les premiers ont fait brûler leur amoureux encens sur l'autel de la divinité qu'on y adore.

L'offrande égala la solemnité de la circonstance. Six fois dans l'espace d'un demi jour, le dieu Priape reçut et rendit les plus abondantes libations. Pendant une décade, on célébra, sinon avec autant de fréquence, du moins avec le même zèle, l'inauguration du temple. On ne se quittait qu'en se jurant une flamme éternelle. Vains sermens! chacun soupirait après un renouvellement d'acteurs, devenu nécessaire et par la lassitude et par la satiété. Beaucoup d'autres personnages avaient succédé dans la même carrière ; même ivresse d'abord, même fin. Le caprice avait désigné de nouveaux ministres pour le même culte. La roue de fortune avait tourné pour Parmesan, Pacôme et Fessinot : voyons s'ils sauront mieux captiver la légèreté de nos célèbres confédérées.

Querelle. — Pacification.

L'A D R O I T Dubuisson avait intro-
duit dans le sanctuaire de Cypris les
trois champions désignés pour sacrifier sur ses autels. Une espèce d'enchantement les y avait transportés sans
connaître le lieu où ils étaient admis,
ni le motif qui les y appelait. Leurs
yeux éblouis de l'éclatant appareil qui
se déployait dans la somptuosité des
meubles qui ornaient la pièce où ils
étaient entrés, se promenaient de toutes
partsavec une espèce d'ébahissement.
Veillent-ils, dorment-ils? ils ne savent
qu'en croire; ils approchent leurs mains
timides des objets divins qui les envi-

ronnent et s'assurent, en les palpant, qu'ils ne sont point phantastiques. En-fin Parmesan, le premier, témoigne le ravissement qu'il éprouve. Dans un tems plus heureux, il avait été intro-duit dans le cabinet secret des divinités qui régnaient alors. Quelque chose de semblable, mais d'infiniment plus re-cherché, s'offrait à son admiration. Oh! en vérité, dit-il, foi de Froteur, cela n'a jamais eu son pareil. Le siècle d'or aurait-il enfin remplacé celui de fer ? ou bien ne sont ce pas des fées, des génies qui habitent ce palais ? voyez, messieurs, vit-on jamais rien d'aussi parfait ? ces membres là, en montrant l'architecte de la vie et son auxiliaire, ont ame et action. Regardez, sur cette belle colonne, cet impitoyable satyre, il perce de son énorme dard cette gen-tille nymphe. Voyez cet autre furieux

saisir le thyrse enflammé du dieu, et
l'enfoncer à la chûte des reins d'une
bergère effrayée ; et ce singe qui brise
sa chaîne et se précipite sous les jupes
d'une jeune fille, et lui ravit, avant
de lâcher prise, la fleur à laquelle un
amant attache tant de prix ; et ces
groupes, dans des attitudes variées,
attaquer à la fois tous les canaux de la
volupté ; et ces oiseaux perchés sur ces
arbres, imiter dans leurs folâtreries,
les mouvemens désordonnés et lascifs
des humains qu'aucun frein, aucune
pudeur n'arrête ; et tous ces animaux
qui chacun en leur manière bondissent
et fermentent d'amour et de plaisir.
Oh! quel marbre ne s'embrâserait pas
à la vue de tant d'êtres se livrant avec fureur à la chaleur de leur tempérament?

Cependant le père Pacôme roulait

sur toutes ces obscénités des yeux dévorés de luxure. Ses veines gonflées
annonçaient le feu dont elles bouillon-
naient. Le mouvement convulsif de ses
lèvres, une ardeur qui se peignait dans
ses traits ; une ténacité à comtempler
toutes les attitudes, décélaient la trem-
pe de son caractère et l'exaltation de
ses desirs. On l'eût pris dans cet état
pour un vrai Satyre. Fessinot, les lu-
nettes sur le nez, jetait des regards
froidement avides. Une rage concentrée
perçait dans son maintien. On s'ap-
percevait que son corps usé et impuis-
sant se refusait à répondre aux violentes émotions que recevait son ame.
Zoloé et ses acolythes, mollement
assises dans une chaise longue, suivaient à travers le voile d'une gaze
claire qu'on avait cloué à une lucarne
imperceptible, toutes les impressions

que produisaient les objets sur leurs nouveaux champions.

A un léger bruit, les contemplateurs se retournent et trouvent une table chargée de tout ce qui peut animer l'appétit et flater le palais. De larges flacons de vin formaient les plus agréables pyramides. Six sièges environnaient la table et paraissaient destinés à autant de convives. Ce spectacle fut bientôt oublier l'autre à Pacôme et à Parmesan. Ces deux grivois lançaient sur les pâtés superbes et les autres provisions que portaient de plats magnifiques, un regard fixe d'avidité; ils semblaient les dévorer. Pour Fessinot, livré à sa monotone indifférence, il parcourait l'appareil du festin en admirateur insensible, et accusait de profusion l'hôte fastueux qui en avait

fait la dépense. Que dites-vous, citoyen, reprend Pacôme en jetant sur
lui un œil d'indignation ? pourquoi
vous établir l'éconôme de cette maison?
vous m'avez l'air d'y être aussi étran-
ger que nous. Profitez gaiment de la
fortune ; il est indécent d'intenter pro-
cès à qui on doit de la reconnaissance.
Fier comme les gens de sa sorte, Fessinot ne répond que par une grimace,
et semble dédaigner de prendre part
à la joie de ses camarades d'avanture.
Parmesan l'observait ; le gosier sec et
l'estomac affamé, il appelait le vin et
la bonne chère. Que veut-dire cette
mine allongée, monsieur ? Ne vois-tu
pas, mon ami, en fixant pacôme, que
cet individu n'est qu'un limier de la
police. Oh! il n'y a pas à s'y méprendre à son encolure. Morbleu, si je ne
respectais ici, je ne sais qui, je lui ap-

pliquerais un joli rapport sur les épaules; et étendant la main comme pour en frapper : citoyen, s'écrie Fessinot, je suis représentant du peuple, respectez-moi, et en même tems il exhibe la précieuse médaille de son inviolabilité. Voyons donc, ajoute Parmesan. Oui-dà ! citoyen Fessinot ! salut au citoyen Fessinot ! (*Ironiquement.*) Excusez mon ignorance. Peut-on savoir, citoyen représentant, ce qui vous amène, ce que vous êtes, ici ? représentez vous, êtes-vous le maître du logis ? ni l'un ni l'autre, ce me semble. Hem! vous ne répondez rien! il est vrai qu'on ne voit ici que magnificence et enchantement. Est-ce que cela serait pris sur les indemnités des sénateurs? Hé bien, mon camarade, vous retournerez au sac, il n'est jamais vide pour vous autres. — Citoyen, je vous l'ai déjà dit, cessez vos insolences, ou je ferai valoir mon caractère... — Que dis tu, mon petit ami? Ah! tu veux trancher de l'éconôme! bien, bien à toi, le plus déhonté de tes confrères en fait de pillage! et saisissant un énorme jambon de Mayence, il ne tient à rien, brigand, que je ne lave tes iniquités avec cette savonnette. Il a par-bleu raison, s'écrie l'affamé Capucin. De quoi se mêle ce ladre parvenu. Vas, tu as beau extorquer, rapiner, t'engraisser... tandis que tu siéges gravement au sénat dans ta chaise curule, on boit ton vin et on b . . . . ta femme. Oh! que je rirais de bon cœur, s'il m'échéait un jour d'en faire autant avec elle! voilà mon ami, un front, en montrant celui de Fessinot, où brille la majesté d'un cocu.

Malgré son flegme et l'inégalité de la partie, il n'était pas possible que Fessinot restât insensible à ce déluge d'injures. Ses yeux étincelaient de colère ; sa bouche était bordée d'écume, sa figure toute décomposée et tout son corps en contraction. La querelle ne pouvait manquer de dégénérer en voies de fait : mais aussi promptes, aussi agiles qu'un oiseau échappé de sa prison, les trois amies s'élancent, voilées, de leur niche, et interposent leurs graces et leur autorité pour concilier les esprits. La paix, ou la porte, s'écrie Volsange d'un ton absolu. Je ne conçois pas, messieurs, comment il se fait que d'honnêtes gens se permettent de s'exaspérer ainsi, sans nul motif. Quelle pitié de vous chamailler, vous tourmenter pour rien ! et vous avez devant vous tout ce qui peut charmer les yeux et satisfaire le cœur ! Puis prenant la main du héros Parmesan ; asseyez-vous, dit-elle, vous avez bien d'autres choses à faire qu'à parler, pour prouver votre courage. Imitez-nous , messieurs et dames , et jouissons sans souci des biens qui nous sont offerts , n'importe de quelle main ils nous viennent.

Il n'y avait pas moyen de tenir à une pareille invitation. Bientôt les assiettes sont couvertes de débris de poulets et autres mêts plus succulens ; les flancs des énormes pâtés sont ouverts , une large brèche se fait voir au superbe jambon ; et à peine Pacôme et Parmesan ont recouvré la parole. De grands laquais versaient dans le crystal un nectar qui embaumait l'odorat ; ils ne pouvaient suffire à la soif insatiable du Froteur et du Capucin. Le dessert parut

parut enfin. Des franchipanes , des
gâteaux , des beignets et mille autres
friandises furent attaqués avec la même voracité. Si la lute qui allait suivre,
avait la même ardeur , heureuses , mille
fois heureuses devaient être Volsange
et Lauréda ! Leurs champions auraient
infiniment mutiplié les rasades de Madère et autres liqueurs brûlantes ; mais
ces dames craignant avec raison que
cette fréquente répétition ne nuisit à
leurs forces, tout en voulant les aug-
menter , arrêtèrent le flot qui allait
déborder.

F

Action. - Prison. - Noyé.

UNE grave conversation avait été entamée entre Zoloé et son parténaire. Cette rusée princesse feignit d'entrer dans les sentimens du Licurgue moderne. Les éloges coulaient avec profusion de sa bouche enchanteresse, et le modeste législateur avalait cet encens avec une complaisance inouie. Cependant à travers les distractions qu'elle faisait naître, Fessinot sablait un verre de vin. Une foule de choses d'ailleurs s'offraient à ses regards, propres à réveiller ses sens. Pacôme et Parmesan égayés par le jus pétillant qui circulait dans leurs veines, se répandaient en propos badins et en expressions d'un

genre tout à fait neuf pour les autres
convives. Des gestes suivaient ces licen-
ces provoquées : les dames avaient
beaucoup de peine à empêcher les
mutins que le théâtre du festin ne le
fût des combats amoureux. Zoloé
n'avait point ces témérités à compri-
mer ; elle s'occupait à arranger un
fichu qui ne cachait rien, un soulier
qui ne se dérangeait pas, une boucle
qui ne couvrait l'ovale d'une joue
qu'en découvrant un joli bout d'oreille.
Elle jouait avec son éventail, lançait
quelques œillades mi-ardentes, pro-
diguait à son voisin les ris pour montrer les plus belles dents du monde.
Peu-à-peu l'ame usée de Fessinot se
ranimait ; enfin les ressorts de son individu étaient montés à un ton passable,
et ses discours avaient pris une teinte
de sensibilité dont il s'étonnait lui-

même. Il était devenu plus onctueux, plus tendre, plus pressant. Il parlait de desirs, de flammes; et comme jadis il avait fait un copieux recueil de mots équivoques et obscènes, il commençait à en débiter une foule. Lauréda elle-même, admirait la loquacité et la métamorphose de son Fessinot. Elle eût presque envié à Zoloé les produits de la séance qui devait suivre : mais il était écrit, non pas là haut, mais dans les desseins de la rusée tentatrice, que tant de dépense d'esprit et d'amour ne devait rendre au déridé représentant que zéro, ou quelque chose de plus fâcheux.

Pacôme ne s'amusait plus à solliciter des faveurs, il s'était emparé de la place. Ses mains actives palpaient, chiffonnaient, polluaient; l'ardeur de ses

baisers était un véritable incendie. Parmesan avait planté Volsange sur ses
genoux et se préparait à lui décocher
le trait enflammé. Elle s'enfuit vers
son boudoir : Lauréda l'imite , et leurs
adorateurs s'y précipitent avec elles.

L'absence de témoin, accrût la har-
diesse de Fessinot ; ses attaques prennent une telle impétuosité que Zoloé
ne peut s'empêcher de croire à sa
résurrection. Elle paraît ne se défendre qu'à demi. Il ose exiger, il
touche aux avenues du plaisir, lorsqu'une porte s'ouvrant , d'Orbazan paraît. Que vois-je , s'écrie-t-il avec une
feinte fureur? Fessinot ici, chez moi ,
avec ma femme ? Etre vil et crapu-
leux , comment as-tu la témérité de
prétendre m'associer à ta confrairie ,
toi qui n'a d'homme que l'écorce; toi

qui ne devrait figurer que dans les
antichambres; toi dont le nom est un
opprobre et la société un fléau! Hypocrite, comment oses-tu, chaque jour,
dans tes écrits et tes harangues, éta-
ler un pompeux appareil de morale et
de vertu, toi qui ne cesses d'outrager
l'une et l'autre! Et tu prétens réfor-
mer, morigéner la nation! et tu viens
dans l'intérieur des familles, pour y
porter la corruption et la honte! et ce
sont ces beaux exemples que tu traces à
suivre à ta femme et à tes enfans!.. Fuis
d'ici au plus vite, ou mon bras va
s'appesantir sur ton cadavre. Et vous
madame, qui avez trompé ma confiance et abusé de ma faiblesse, rentrez
dans votre appartement, la punition
que je prépare me vengera pleine-
ment de l'impudent Fessinot.

Le malheureux tremblant s'était

esquivé sans réplique. Un corridor
semblait indiquer la sortie, il le suit ;
et se trouve enfermé dans un cabinet
qu'il n'est pas plus agréable de sentir
que décent de nommer.

Cependant nos heureux couples,
nageaient dans des torrens de volupté,
jamais Venus n'a vu tant d'offrandes
couvrir ses autels. Inutilement essaye-
rai-je de dépeindre les ravissemens
ineffables, les sensations que de savantes
manœuvres surent multiplier. Les
oreilles chastes ne sauraient entendre ces
détails obscènes, et ma plume se re-
fuse à les tracer! Que l'homme dont,
l'ame ne se réveille au plaisir que par
ces images licencieuses, m'en fasse un
crime, je m'honorerai de son impro-
bation. Il faut que le voile de la pudeur enveloppe les situations que
l'amour invente pour varier et pro-

longer les jouissances ; c'est un devoir imposé à l'historien, il outrage les mœurs, lorsqu'il s'en écarte. Mais il me sera permis, du moins, de rendre hommage à la prévoyance qui avait presidé à la réunion de tout ce qui pouvait combler les désirs dans cet incomparable hermitage. Au moyen d'un ressort qu'un fil de laiton mettait en mouvement, on entendait un concert à dix parties, exécuté avec une précision et un charme que n'aurait pu surpasser tout un orchestre. A chaque lit de repos, répondait un fil qui communiquait à l'instrument. Il était convenu entre les amies, que chaque sacrifice serait couronné par un hymne de triomphe. Les sons harmonieux remplissaient parfaitement les appartemens ; l'écho les allait porter à l'infortuné Fessinot qui exhalait vainement sa rage dans sa honteuse prison.

La nuit avait à peine parcouru les deux tiers de sa course, et déjà l'instrument mélodieux avait fait entendre quinze fois ses brillans accords. Après tant d'assauts si vigoureusement soutenus par les parties, il semble que la nature épuisée devait invoquer le repos ; une irritation excessive provoquait à de nouvelles entreprises. La longue privation, les mêts succulens, les vins exquis, de vivantes peintures de tout ce que l'art de jouir a pu imaginer de plus lascif, des essences répandues avec profusion, la dextérité et les charmes de leurs nymphes, les divins accens qui portaient dans l'ame la suavité du bonheur, ne pouvaient manquer de produire dans Pacôme et Parmesan, un effet extraordinaire. D'Orbazan plus habile à modérer sa fougue, n'avait cependant pas voulu céder la palme à ses rivaux.

Catastrophe.

CE paladin jouissait auprès du beau sexe d'une célébrité qu'il ne démentit pas dans cette fameuse orgie. Tous les acteurs dévorés de desirs, de besoins, d'amour s'aiguillonnaient de leurs caresses, s'embrásaient mutuellement par les titillations les plus intimes ; déjà les demi-mots échappés du cœur, les soupirs brûlans, les exclamations précurseurs du bonheur suprême produisaient ce doux mumure, ce frémissement de la jouissance parfaite. Enfin de mélodieux accens allaient encore annoncer de nouvelles victoires. Volsange pâmée n'attendait que le dernier élan de l'ivresse ; Lauréda ne pouvait tenir davantage ; Zoloé pressait d'Orbazan d'arriver au terme. L'instant en fut reculé ou perdu par ces cris lamentables : *Au secours, au secours, je me noie.* Lauréda, la première, s'arrache des bras de Pacôme. Cette voix, elle croit la reconnaître. Elle n'aimait pas Fessinot comme époux, car c'était lui même, mais elle était loin de lui souhaiter la mort. Sa sensibilité, changeant d'objet, elle se livra toute entière à lui sauver la vie.

Malgré les brutales instances de Pacôme pour la ramener sur le trône du plaisir, elle ne put prendre part davantage aux délices qui terminèrent cette Bacchanale ; et ce contre-tems effaça pour elle tout le charme de la félicité dont elle croyait avoir atteint le dernier degré. Volsange et Zoloé achevèrent ce qui était commencé; ce ne fut même qu'avec peine que Lauréda obtint la suppression du chant de triomphe.

Fessinot entouré de laquais qui ne s'épargnaient pas les propos goguenards et insolens , s'essuyait tristement le front. Pâle et défait comme un condamné , tout à l'heure arraché au supplice , il demande des habits pour réparer le désordre de son accoutrement : aucun n'allait à sa taille élancée. On l'eût pris dans ceux de la France qu'il lui fallut enfin endosser , pour un échappé de bicêtre , tant cette décoration contrastait avec l'air de son visage et la stature de sa personne. Enfin une voiture fermée parût, il s'y jeta en maudissant le mauvais génie qui l'avait amené dans ce fatal séjour , et résolu

résolu d'invoquer l'autorité pour punir les impies qui avaient osé manquer à l'auguste représentation nationale dans sa personne.

Où est ma femme, s'écrie-t-il de la portière? — Monsieur, il n'est-pas jour chez elle. — Jour ou non, il faut que je la voie. — Monsieur, attendez que je vous annonce. — Bah ! est-ce que je connais cette formalité ? — Monsieur, la consigne est telle. — La Fleur, obéissez moi, ou je vous chasse. — Monsieur, j'appartiens à madame. Pendant ce dialogue, Lauréda s'était glissé dans son appartement par un escalier dérobé. Elle avait prévu qu'à son retour, Fessinot irait épancher auprès d'elle le flux de son humeur bilieuse ; et elle l'avait suivi sur le champ. On ouvrit enfin au désolé mari. Qu'est-ce,

dit la belle, en se frottant les yeux et
levant la longue coëffe qui lui couvrait la moitié du visage. Quoi vous,
monsieur, à cette heure! le feu est-il
à la maison? ô dieux! vous est-il arrivé
quelque fâcheuse nouvelle? la patrie
est-elle en danger? parlez, votre silence me désespère. — Enfin retrou-
vant la parole: calmez-vous, madame,
ce n'est que moi que cela regarde. On
m'a joué un tour affreux, on m'a cons-
pué, honni, emprisonné! les miséra-
bles, ils porteront leur tête sur la lu-
nette, j'en jure par la liberté. Il faut
qu'une justice exemplaire, terrible,
effraie à jamais quiconque insulterait
à la nation dans ses représentans. —
Monsieur, je ne vous comprens pas.
— Tant pis, madame: ils périront;
s'écriait-il en se promenant avec agi-
tation! oui, leur sang seul peut répa-

rer tant d'outrage. — Monsieur, vous connaissez donc les coupables ? — Ah ! voilà ce qui fait que j'enrage de toute mon ame (1). Mais il faut que je les découvre, que je mette à leurs trousses tous les limiers de la police, dussé-je y sacrifier une décade de mes indemnités ; je vais trouver le ministre, activer ses recherches, ou le faire

---

(1) D'Orbazan n'était de retour à la capitale que depuis trois mois. Il s'etait renfermé dans un asyle solitaire, pendant les jours affreux de la terreur. Il n'est pas étonnant qu'il ne fût pas connu de Fessinot. Il en etait de même de Pacôme et de Parmesan dont les noms n'étaient jamais parvenus jusqu'à lui. Quant aux dames, elles avaient trop de raisons de garder l'incognito pour se trahir. Aussi le secret ne perça-t-il que très-longtems après l'événement.

G 2

renvoyer. Pour vous, madame, qui parcourez tous les cercles, ayez, je vous prie, la complaisance de me rendre compte de tout ce qui transpirera de cette avanture. — Oh ! je vous le promets de tout mon cœur. J'y prens, je vous le jure, le plus vif intérêt. — Fort bien, madame, cette sensibilité me touche infiniment, je vous quitte. Adieu, mon cœur, ajoute l'honnête époux en serrant tendrement les joues de sa fidelle moitié contre les siennes. Je cours mettre à la piste des insolens les mouchards de tous les étages. Hola! ma voiture. Le voilà à la porte du ministre.

— Bonjour, citoyen ministre ! — Bonjour, citoyen représentant ? qui vous amène si matin ? quelque conspiration sans doute ? — Oui, vraiment,

une conspiration bien caractérisée
contre ma personne. Les scélérats! si je
n'avais eu la présence d'esprit de m'é-
chapper par la fenêtre, c'en était fait
de ma vie. Il est vrai que j'ai manqué
de la perdre dans l'eau. Mais qui se
serait douté que ce château du diable,
sans doute, eût été bâti au milieu d'un
abime ? L'attention du ministre redou-
blait ; il cherchait à démêler où tendait
ce préambule. Enfin Fessinot lui ra-
conta tous les détails de ce qui s'était
passé dans l'hermitage la nuit précé-
dente , supprimant toutefois les circonstances qui lui eussent été désavan-
tageuses. Malgré sa gravité, le magis-
trat ne pouvait s'empêcher de sourire :
il s'en fallut peu que Fessinot n'éclata
en injures. Il ne fut appaisé qu'en lui
promettant de remuer ciel et terre
pour découvrir les auteurs d'un si

mauvais tour ? mais où, comment les découvrir ? le hazard seul pouvait favoriser ces recherches. On n'avait ni le signalement, ni les noms des personnages. Aussi tous les mouvemens que les agens du chef de l'espionnage se donnèrent, furent-ils en pure perte. Fessinot en fut pour ses indemnités, son bain à l'eau froide, son amour joué, sa femme soufflée, et sa honte divulguée.

Il paraissait à peine dans les cercles qu'un rire sardonique honorait sa présence. Car d'Orbazan avait adroitement semée de tous côtés cette mémorable équipée. Fessinot seul pour le moment en portait tous les ridicules. Bientôt d'autres noms furent accolés au sien et les partagèrent, sans les mériter.

Conférence.

D E s motifs urgens exigeaient la prompte réunion des trois amies ; il fallait dérouter les curieux sur les acteurs qui avaient joué un rôle dans cette fameuse débauche, et préparer d'autres parties de plaisir. Le Comité arrêta d'abord que des affidés désigneraient à démi-voix, comme l'une des héroïnes, la marquise de Mirbonne, connue par ses bizarreries et ses fureurs libidineuses ; la fastueuse Gelna, maîtresse avouée de Mamamouchi, et Rosni, la plus dévergondée des officieuses procuratrices du vicomte de Sabar. La calomnie était affreuse ; mais elle sauvait au trio les épigrammes

et les quolibets du public : il n'en fallut pas davantage pour le déterminer.

Dès le même jour, dans les plus
nombreuses assemblées, on se soufflait
à l'oreille : vous savez les hauts faits
de la nuit ? Oh ! ces femmes sont im-
payables ! quelle licence ! quelle ef-
fronterie ! et elles osent, dit-on, pa-
raitre dans la société, après cet éclat ?
—Vraiment, reprenaient les autres, ce
Fessinot est un grand poltron. Pourquoi aussi va-t-il se jeter dans une société perdue. - N'est elle pas digne d'un
pareil garnement, ajoute une vieille
édentée? Il m'a servi, Dieu sait combien
de tours de gibecière il m'a joué et à mes
femmes. C'était la séduction même ; il
s'en est peu fallu que je ne fusse moi-
même la dupe de son air sournois. Il
a dissipé, en mauvais lieu, dans sa

jeunesse, ce qu'il avait escamoté. Mais aujourd'hui, il ne lui reste plus de desirs à satisfaire, il est tout puissant ; il est riche, infiniment riche et avare. O si j'avais le malheur d'être sa femme, combien je me vengerais !

L'arrivée de Lauréda et plus encore une rumeur qui se répandit dans le salon fit taire la vieille sybille. Les regards se portaient sur la marquise qui entrait avec tout le cérémonial d'une dame de son importance. Zoloé était avec Volsange dans le fond de l'appartement, en train de confirmer les incrédules sur l'incartade attribuée à la marquise. Celle-ci lançait sur les spectateurs un regard hardi ; et ce ton décidé acheva de convaincre et d'indigner les plus indulgens. Gelna parut presqu'en même tems. Un motif différent l'avait engagée à se montrer ce jour-là dans les cercles les plus brillans. Un de ses adorateurs l'avait complimentée sur l'heureuse nuit qu'elle avait passée, et de suite lui avait déroulé toute l'histoire. Apperçevant de loin la marquise qui minaudait avec son éventail, elle court à elle et l'embrasse. — Eh ! bonjour, ma chère compagne ! comment vous trouvez-vous des fatigues de la soirée ? — Madame, j'ignore ce que vous entendez par cette question ! il me semble que vous vous trompez de personnage. Je ne me crois pas si fort de vos amies. — Non, vraiment, il n'y a pas à s'y méprendre. C'est bien vous avec laquelle j'ai partagé les délices d'une nuit !.. Oh ! cela n'a pas de nom. — Encore une fois, madame, cessez ce ton de familiarité, je n'ai eu avec vous aucun rapport et ne veux point en avoir.

Un silence profond régnait dans l'assemblée. Tous brûlaient de voir le dénouement de cette comédie. Il était réservé à Fessinot et au Vicomte de Sabar de le donner.

On n'ignore pas l'intimité qui existait entre ces deux hommes. Le premier venait informer son épouse de l'arrivée du comte son père ; l'autre était un des habitués de la maison. — Bon, s'écrie en éclatant de rire la petite Gelna, voilà encore deux de nos champions. Venez, messieurs, convertir la marquise. Elle nie qu'elle fût des nôtres cette nuit ; elle nierait, je crois, la clarté du soleil.

Rien n'était plus plaisant que de voir d'un côté les contorsions de la marquise ; et de l'autre, le geste de

courroux de Fessinot. — Quoi ! je vous
trouve ici, mesdames ! et c'est-vous
mêmes qui osez être les prôneuses d'une
infamie qui vous couvre de honte ! l'im-
pudence ne fut jamais moins permise ;
et si vous croyez qu'en payant d'audace, vous arrêterez ma vengeance,
vous vous abusez. Mais je respecte
l'aimable société qui embellit ce cercle. Chaque chose aura son tems. —
Est-il fou, s'écrie à son tour la marquise étouffant de colère ? qu'ai-je à
démêler avec cet homme ? se sont ils
tous conjurés ici pour me vexer ? que
signifient ces menaces, ces regards obli-
ques, ces chuchotemens qu'on se permet depuis mon arrivée ? Madame, en
s'adressant à la maîtresse du logis, on
se comporte chez-vous avec la dernière
indécence, vous eûssiez dû y mettre
bon ordre. Adieu, madame, de ma
vie

vie, je vous le jure, je ne m'exposerai
à de pareils afronts. Gelna ne pouvait
se contenir, elle prenait un plaisir
infinie à décontenancer la marquise,
qui allait exhaler au dehors son épou-
vantable humeur, lorsque le vicomte
la pria de l'entendre.—Permettez-moi,
madame, de vous arrêter un moment
et d'éclaircir un quiproquo dont les auteurs, en lançant un coup d'œil dé-
tourné à Zoloé et à Volsange, devraient
rongir. Ce n'est pas vous seule qui
avez lieu d'être surprise de l'air de
mystère, des plaisanteries qu'a occa-
sionné votre présence. Je partage avec
vous ce déluge d'invectives, et je suis
tout aussi innocent. Madame, en
montrant Gelna, a voulu s'amuser en
vous apostrophant. On a eu l'indignité
de l'accuser, vous, moi et d'autres
qu'il est inutile de nommer, d'avoir

H

participé à la débauche la plus effrénée.
Nous pouvons tous donner un démenti
solemnel à cette calomnie , inventée
pour dérober à une juste censure des
personnages que le tems dévoilera un
jour. Dans ces méprises, le seul à
plaindre est Fessinot , car il a été le
jouet du libertinage. Il vous doit des
excuses ; et vous lui devez de l'indul-
gence. Après ces mots prononcés vivement, le vicomte de Sabar offrit la
main à la marquise, salua et sortit avec
Fessinot , laissant un vaste champ aux
entretiens , pour ou contre ce qu'il
venait d'affirmer.

Bal.

LES scênes qui avaient suivi les calomnies mises en circulation avaient été trop violentes, elles pouvaient exciter à des enquêtes trop sérieuses pour qu'on ne s'empressât pas de les faire oublier. Aussi Lauréda la première proposa de donner un bal dans sa maison du Faubourg, et d'y inviter ce que la ville offrait de plus élégant et de plus distingué. Quelqu'événement naîtrait de cette nombreuse réunion des deux sexes ; et une anecdote ferait perdre le souvenir de l'autre.

Une décade entière fut employée aux préparatifs de la fête ; les salons furent ornés avec une somptuosité et un goût exquis. Le jardin offrait aux amans des retraites charmantes. On n'avait illuminé qu'autant qu'il le fallait pour guider leurs pas dans les berceaux de jasmins et de roses. Des lits d'un gazon frais invitaient à s'y reposer. On avait ménagé à droite et à gauche une petite issue couverte par une contre-allée, au moyen de la quelle on pouvait s'échapper dans les sinuosités, et tromper la curiosité des importuns. On rencontrait çà et là, des amusemens propres à distraire les contemplateurs; c'était ici un jeu de bague, là une balançoire; plus loin des courses à pied, à cheval. Des baladins faisaient rire par leurs tours de souplesse; et dans le centre d'un bosquet bien éclairé, se trouvait nombre de petites boutiques charmantes; elles n'étalaient d'autres marchandises que des nœuds de rubans

à tous les usages , des bonbons , des pâ-
tisseries délicieuses etc. : mais les
marchandes étaient mises avec une pro-
preté, elles avaient tant de graces et
d'esprit , que plus d'un chalan s'offrit
de bon cœur d'entrer de moitié dans
leur commerce.

Après quelques tours de danse , et
avoir fait admirer la richesse, le bon
goût de leur costume et leur graces,
Zoloé, Volsange et Lauréda prirent
aussi possession d'un comptoir. Ce fut
dans ce déguisement que Zoloé fit la
conquête d'un capitaine Italien , Lauréda celle d'un colonel Espagnol , et
Volsange, d'un milord Anglais. Le
désœuvrement avait porté à la fête ces
messieurs fraichement débarqués de
l'Italie d'où ils étaient venus ensemble.
Ils se persuadèrent qu'ils pouvaient

sérieusement mettre leur enchère sur toutes les babioles qu'on offrait à leurs yeux. Mais c'était bien moins les joujoux et autres bagatelles dont ils enviaient l'acquisition , que les charmes des aimables personnes qui les vendaient. A peine permirent-ils à d'autres amateurs de les mettre à prix. Ils firent rafle sur tout ; et il leur fallut payer le dos de commissionnaires pour emporter leurs achats. Les boutiques se trouvant vides , il était naturel de proposer à ces dames un tour de promenade , elle fut acceptée. Si la chaleur de ces étrangers dans leurs emplettes les avait amusées, elles le furent bien plus de leur conversation. Ils écorchaient péniblement le français , et n'en étaient que plus ardens à parler. Ils voulaient plaire et séduire. Cela ne se fait pas sans des paroles.

Les trois fausses marchandes pouvaient s'exprimer aisément dans la langue de leurs adorateurs, mais les rusées trouvaient quelque chose de très-piquant dans les tournures singulières de leurs phrases et dans leurs manières. La nuance qui établit une différence dans le caractère national était trop tranchante pour ne pas produire un contraste très-plaisant. Mais ce qui aiguillonait le plus la curiosité de ces dames, c'était de savoir à quoi ces empressemens les conduiraient. L'Italien lorgnait quiconque paraissait remarquer sa compagne; l'Espagnol formait un duo de paroles et de soupirs; l'Anglais plus franc, moins accoutumé à se contraindre, en deux mots fit ses conditions à Volsange. Elles étaient magnifiques. La belle refusa de s'expliquer; la recette est infaillible

pour irriter les desirs. Les soupirans
de Zoloé et Lauréda n'avaient pas fait le
tiers de chemin, quoique plus enflammés mille fois que le noble lord. Le
jour allait paraître; ces dames annon-
cèrent leur retour, les cavaliers offri-
rent leur voiture. Quelle fut leur surprise d'entendre ces marchandes ap-
peler leurs gens, et de voir accourir de
magnifiques *officieux* avec de superbes équipages!

Lauréda part avec Zoloé pour sa
maison du boulevard. On s'empresse
en vain de demander la permission de
leur rendre des hommages : les belles
ne répondent que par un salut extrêmement affectueux, et ordonnent qu'on
accélère leur retour.

Événemens du Bal.

L'OPINIÂTRETÉ que ces nouveaux amans avaient mis dans leurs attentions, avaient empêché les trois amies de prendre aucune part à ce qui s'était passé dans les autres parties de la maison. Je suis excédée de fatigue, dit Zoloé en se jetant sur le duvet d'un moëlleux ottomane. Lauréda s'y place nonchalamment à ses côtés. — Tu conviendras, ma chère, que notre étoile nous a mal servies cette soirée. Pourquoi, s'il vous plait, répond Lauréda? est-ce que ton Italien ne promet pas beaucoup? — Oui, assez; mais cela est d'un monotone! pourquoi aussi cette obstination à diriger tes pas dans les endroits les

plus isolés ? Oh ! tu conserves le goût
de ton terroir ? et cette folle de Volsange avec son illustre Bréton, n'en
est-elle pas déjà aux préliminaires !
sachons au moins à quoi nous en tenir
sur les amusemens de tes invités. Lise,
sonnez la Tour. La Tour paraît. Eh !
bien, drôle (expression d'amitié dont
on honore les laquais favorisés), as-
tu bien employé ton tems au bal ? —
Parfaitement, madame. — Combien
de bancs de gazon ont-ils gémi sous le
poids de ton amour ? — Aucun, madame. Je ne me suis occupé que des événemens. — Comment des événemens ?
— Certainement, et tout le monde en
a fait de même. La danse n'a pas duré
trois heures. Madame ne s'est pas ab-
sentée, sans doute ? — Vraiment non,
mais la migraine m'a conduit à l'écart;
d'honneur, je ne me suis nullement

occupée des plaisirs. — Vous ignorez donc ?.... mais non, j'allais vous en-nuier. — Je ne sais rien, ni Lauréda, te dis-je, parle. — Cette pauvre Gel-na ! beaucoup la plaignent, mais plus en rient. Elle était au bal, parée comme une madonne, riche comme une boutique de jouaillier juif. Ses trente mille francs de pierreries jetaient un feu qui éblouissait, éclypsait, dépitait toutes les belles. En valsant, pirouet-tant avec un danseur mal-adroit, la petite fait une chûte et s'évanouit. Mamamouchi accourt avec ses sels. Le danseur l'écarte et prétend qu'il faut de l'air et rien de plus. Il la sou-lève et l'emporte avec vélocité dans le bosquet. Les ronds se reforment, on continue à danser. Mamamouchi se hâte inutilement de suivre sa sultane. Le danseur robuste et alerte s'est en-

foncé dans l'épais du bois. Le mouvement, l'attouchement des feuillages hu-
mides de rosée raniment les esprits de
Gelna : elle veut s'écrier. — Comment,
madame ? me faites vous l'injure de me
prendre pour un brigand ? Je m'empresse de vous procurer tous les secours ; et vous allez croire que je
m'insurge contre votre honneur ! vous
en multipliez trop les preuves chaque
jour, pour que j'ose y attenter. Calmez-vous : un peu de repos va vous
rendre à la société qui ne saurait
longtems se priver de vos charmes.

Tout en l'adulant ainsi, le galant
gagnait du terrein. Enfin le voilà dans
un coin très-écarté dont il connaissait
apparamment l'isolement. — Bon, as-
seyons-nous, ma reine, et surtout point
de bruit. Combien tu m'as ravi, mon
ange

ange, dans cette délicieuse soirée! car c'est toi, je te reconnais; il y a longtems que nous avons fait ensemble nos premières armes, — Ah! vous êtes l'un des héros de la pièce, et nous datons de vieille connaissance! A merveille. Qui vous a dit, monsieur, que je partage le déshonneur de cette orgie? — Le public, madame, mes yeux, votre son de voix, votre taille, et mieux encore cette ivresse dans la jouissance, ce ravissement, ce talent unique à faire renaître, prolonger la volupté, à la porter dans tous les sens! Ah! je t'en supplie, répétons sur cette herbe tendre un des rôles intéressans de cette nuit éternellement présente à ma mémoire. — Non, dis-je, non. Vous abusez de ma faiblesse; mais ne la poussez pas à bout. — Ni les prières, ni les larmes, ni les menaces, rien ne peut

I

contenir la fougeuse ardeur de l'assaillant, il la renverse sur le dos. La flèche va frapper la victime. Que dis-je ? l'inflexible Gelna devient elle même le sacrificateur ; elle perce de son poignard, du poignard enrichi de diamans qu'elle portait à sa ceinture comme les sultanes, l'aiguillon dirigé sur elle.

Le malheureux tombe à demi-mort sur le trône même du plaisir. Bientôt revenu de son évanouissement : cruelle ! que t'ai-je fait que de t'aimer excessivement ? as-tu bien eu le courage de me priver du seul organe qui me fit encore chérir l'existence ? Achève-moi, ôte-moi le soufle de vie inutile à laquelle ta barbarie m'a réduit. Hélas ! je le vois, le ciel tôt ou tard accomplit ses oracles : j'ai péché, et c'est sur l'instrument même du péché qu'il exerce sa justice. Miséricorde! quelle angoisse, je me meurs! Pacôme, infortuné Pacôme, c'était lui-même, à quelle triste fin t'a réservée la vengeance divine! — O ciel! Pacôme!... Pacôme, ce vil corrupteur de l'innocence, ce ministre prévaricateur qui le premier m'initia dans les mystères du crime, qui affermit mes pas timides dans l'habitude du vice, qui étouffa mes scrupules et m'apprit à ne rougir de rien! — Lui-même, sois satisfaite, je t'ai offensé et j'expire par tes mains. — O vis, je ne demande ni ton sang, ni ta mort. Voilà de l'or, voilà des bijoux, tout ce que je possède, qu'ils servent à prolonger tes jours. — Vains secours! le coup mortel m'unit à l'éternité. Adieu. Un instant après, il expire dans les convulsions les plus

horribles. Gelna a été ramassée sans
connaissance à quelque pas de ce tra-
gique événement. C'est d'un de ses
gens que je tiens ces détails, elle paraît affectée au dernier point. Elle ne
veut admettre ni Mamamouchi, ni le
plus ancien de ses favoris pour la con-
soler. On craint que la belle ne renonce à la société et n'aille pleurer au
loin sa vertu sacrifiée et son homi-
cide.

<hr>

La marquise de Mirbonne apprêtait
à rire pendant cette catastrophe lugubre. Follement éprise d'un débutant à
la comédie italienne, elle le traînait
partout en triomphe. Fière d'avoir à
ses côtés le bel histrion, et celui-ci,
bouffi de l'honneur qu'il avait d'être
le Sigisbé d'une marquise, ils ne se quit-

taient pas d'une minute. Point de
danse cette fois. On veut être tout entière à son idole. La promenade est
magnifique ; les allées sont d'un sombre
propice aux larcins amoureux. Une
petite grote par ci , un berceau bien
fouré par là , que de reposoirs pour
l'amour ; très-bien ! Mais en femme
d'expérience , un peu d'exercice dé-
veloppe les esprits , donne de l'énergie
au physique, le féconde , le double , le
triple , que sait-on? allons , mon ami ,
une partie de balançoire ; et la voilà
avec son Adonis, poussant en avant , en
arrière , haut , plus haut encore , se
levant, s'allongeant , se baissant, élan-
çant son corps , approchant genoux
contre genoux , les éloignant , ren-
dant mouvement pour mouvement ,
saut pour saut. Grand cercle de spectateurs à lorgnettes , sur la place. Mais

l'admirable invention pour les dames
que des caleçons ! et quest-ce que
l'apperçu de la superbe tournure d'une
jambe, d'une cuisse, auprès du voisinage .. ... vous m'entendez ; revenons.
Nos balançeurs sautent tant et si bien,
et si fort, qu'un coup de jarret du jeune homme animé par le jeu, brise
l'une des cordes qui suspendaient la
nacelle, le voilà en bas, et la marquise
élancée en l'air qui s'échappe en dia-
gonale, comme une fusée, et qui tombe à la Garnerin, en parachûte de
jupons. Oh ! là-là ! oh ! là-là ! elle est
perdue ! une si belle femme ! et tous
les bras se jètent en l'air pour la sauver. Un homme dont la stature et les
muscles saillans annoncent la mâle vi-
gueur, ferme comme une colonne, al-
longe la main, saisit le corps gagnant
au plus vîte le centre de gravité et l'ar-

rête à deux pieds de terre comme une poupée. Cet homme, vous le devinez sans doute, est le robuste Pamesan.

Parmesan au bal ! pourquoi non ? vous avez donc onblié que le fameux souper avait fourni, pendant vingt-quatre heures, matière aux conversations de toute la ville ; que la marquise, malgré le démenti solemnel du vicomte de Sabar, n'avait pu dissuader le public, injustement prévenu, qu'elle y était l'une des figurantes ? Parmesan a des oreilles comme un autre, un estomac qui digère vîte, des sens faciles à enflammer, et pourtant longtems affectés. Pouvait-il ne pas desirer vivement de connaître l'heroïne à laquelle il était redevable d'un souper délicieux et d'une séance de plaisirs savourés avec une ardeur impossible à d'écrire ?

la curiosité l'avait conduit là. Le même motif y avait fait courir l'imprudent Pacôme. Ivre de son amour, celui-ci avait osé se donner en spectacle, en dansant avec la divinité qu'il s'imaginait être celle du temple de Cythère. Mais les dieux de la terre ont leurs caprices comme celui du ciel. Un feu lent et favorable consume l'offrande d'Abel; elle est agréée du seigneur: celle de Caïn est devorée par la foudre et rejetée. Ainsi fut le téméraire Pacôme. Puisse Parmesan ne pas éprouver sa déconvenue !

Il dépose dans un fauteuil la partie matérielle de la marquise, car pour ses esprits, ils s'étaient envolés dans les régions inconnues. Debout devant elle, et une foule d'empressés bourdonnant mille questions: Est-elle ?blessée vit.

elle ? lui a-t-on administré des secours ?
délacez ce corset, dit un vieux céli-
bataire, à l'œil lascif. Ses hanches
sont trop sérrées, ajoute un petit mutin à
habit juponné, à pantalons de matelot,
à moustaches de sapeur. Ma parole,
c'est là le mal, en étendant la main
pour prêter son ministère. — Bien,
mon petit mignon, lui dit Parmesan,
en lui secouant une chiquenaude sur
les doigts. — Le brutal ! il m'a brisé
les os ! ahi ! ahi ! ahi ! — C'est bien
fait, s'écrient les uns ! — C'est affreux,
s'écrient les autres. — Un si tant joli
jeune homme, ajoutent les dames ! le
voilà estropié peut-être. Qu'on saisis-
se le drôle ! et le drôle paraît de marbre. La fermentation augmente. Qui,
quoi, quel accident ? une femme tuée,
un homme assommé ! un capucin as-
sassiné ! plus de danse, on accoure sur

la place. On se presse, on se heurte ;
c'est une confusion pire qu'une séance
législative du soir. Eloignez-vous,
messieurs, retirez-vous, mesdames,
s'écrie envain Parmesan d'une voix
de tonnerre. Vous l'étouffez. Ce n'est
rien que de la frayeur. A ce tumulte,
à ces cris de Stentor, la belle ouvre
enfin les yeux. Messieurs, je n'ai point
de mal, un peu d'air. Quelqu'un m'a
sauvé la vie, ajoute-t-elle avec des yeux
qui interrogent les spectateurs. — Le
voilà, répond un ancien militaire,
c'est-ce brave citoyen. — Quoi! c'est
vous, monsieur! en toisant de la tête
aux pieds le sauveur. Il me semble que
ce n'est-pas le premier service que
ma gratitude doit reconnaître, monsieur. — Ah ! madame, répond Parmesan avec feu, ne parlez pas de ré-
compense, elle est dans mon cœur.

Il n'est rien qui vaille le bonheur d'avoir pu vous être utile. Il n'est personne ici qui n'envie mon étoile. — Vous êtes bien obligeant, monsieur. Donnez-moi la main , ajoute-t-elle d'un ton extrêmement touché, je voudrais rejoindre ma voiture. Et voilà Parmesan qui fend la presse , fier comme un triomphateur romain.

Le flot des curieux s'amoncèle sur le passage. On se demande quelle est cette belle femme , quel est l'homme superbe qui l'accompagne. Les lis de la pâleur avaient remplacé l'incarnat qui colorait les joues de la marquise , et ajoutaient à l'intérêt qu'inspire une très jolie figure. Parmesan avait le teint animé et un air de satisfaction qu'il était impossible de ne pas remarquer. Le joli petit maître , favori en titre

avant l'échappade de la balançoire,
suivait en silence : la plus sombre jalousie était peinte dans tous ses mouvemens, et lui donnait une physionomie bouleversée et presque hydeuse. —
Oubliant la foule tumultueuse qui s'é-
touffait pour la voir, la marquise dît
à son cavalier : Par quel heureux coup
du sort, monsieur, se fait-il que vous
vous soyez rencontré là pour me sauver ? sans vous, meurtrie et disloquée,
je n'existerais que pour les douleurs.
Combien je me félicite dans mon accident d'avoir pu intéresser un si aimable homme. — Vous me flatez infiniment, madame. Peut-on vous voir,
et ne pas épouser vos peines et vos
plaisirs! je vous dois même plus que
vous ne feignez de le croire. — Point
de complimens, monsieur, ils ne m'ap-
prennent pas à qui je suis tant redevable

vable. — Ah! madame, pourquoi vous obstiner à vous dérober à ma vive re- connaissance : Accordez-moi, je vous supplie, de déchirer le voile sous le- quel vous voulez vous soustraire à mon tendre souvenir. Ne sais-je pas que c'est à vous que je dois le bonheur le plus ravissant, le plus complet qui ait jamais embelli mon existence ?.... — Que signifie ce langage, monsieur ! de qui parlez-vous ?.... le service que vous m'avez rendu, vous permet-il de m'offenser ? si je ne craignais le ridicule, croyez que je vous puni- rais sur le champ de votre lourde mé- prise et que je vous apprendrais à réprimer votre indécente familiarité. — O ciel ! moi vous offenser ! je don- nerais ma vie entière pour vous épar- gner un soupir. Permettez-moi de vous accompagner jusqu'à votre hô-

K

tel et de me justifier.... Et les voilà à
la porte du jardin.

C'est bien elle, dit quelqu'un qui
s'approchait. — Mais, oui, répond un
autre ; la marquise de Mirbonne ! Quel
est le cavalier de bonne mine qui l'es-
corte ? — Ne me trompé-je point ?
non, ma foi : c'est mon Froteur. Cer-
tes, la rencontre est charmante, ajoute le curieux en éclatant de rire ! ce
trait plaisant manquait à l'histoire de la
joyeuse soirée. Approchons, mon ami,
félicitons la jolie Froteuse.

— Bon soir, belle marquise ! —
N'est-ce pas Mirval, en le cherchant
des yeux ? Bon soir, chevalier, vous
ne faites que d'arriver ! — Tout à
l'heure, madame, le vicomte de Sabar
m'a retenu. — Ah ! vicomte, je ne

vous appercevais pas, ces illuminations donnent une fausse lumière qui trompe les yeux. — Cela est vrai, ajoute Mirval en appuyant; tenez, je ne reconnaissais pas mon Froteur. Eh! bon soir, mon ami. Diable! je ne suis plus étonné que tu négliges mes appartemens. Monsieur préfère les grands plaisirs à ses pratiques, et les pratiques préféreront l'homme assidu à Parmesan. — Monsieur, répond celui-ci outré de l'impertinence, je ne vous dois pas compte de ma conduite. Le respect que je voue à madame ne me permet pas d'autre explication. Et s'approchant de l'orgueilleux *juponné*, chacun aura son tour. Vous me rendrez raison de votre provocation, ou je vous froterai les reins. S'adressant à la marquise : Je ne saurais, madame, vous remettre en de

meilleures mains... Souffrez que je
me retire. Il la salue et pétrifie le
déconcerté Mirval par un regard terrible. Celui ci ne se piquait pas d'intré,
pidité ; l'autre en avait donné des preuves honorables , dans un tems où l'on
faisait un crime de la reconnaissance.
Il avait osé se mettre entre l'autorité
qui régnait alors et l'innocence oppri-
mée , et la défendre , la sauver au pé-
ril de sa vie. Ce courage vaut bien
celui d'un insolent fanfaron ; il porte un
cachet qui fait trembler le lâche.

Visite. — Assemblée.

L E baron d'Orsec s'était présenté inutilement chez Zoloé; il n'avait pu la rencontrer. La fatigue des jours précédens l'avait enfin consignée pour quelques heures de plus dans son hôtel. Expliquer en deux mots ses propositions, les accepter de même, telle est la méthode des gens comme il faut pour conclure un mariage : il en fut de même de celui de Zoloé avec le baron. La conversation avait changé d'objet; le baron prenait congé de sa future, lorsqu'un laquais annonce l'empressé amoureux de la veille. D'Orsec connaissait parfaitement le prince Guilelmi et en était aussi bien

K 3

connu. Cela le retint une minute, puis il disparut.

Après le cérémonial ordinaire, des excuses et des plaintes sur l'incognito d'hier, des félicitations et des assurances de respect, des hommages et des soupirs, et mille autres lieux communs aux galans, on se quitte pour se retrouver chez Volsange.

Lauréda avait aussi reçu son Espagnol. La reconnaissance avait animé et prolongé l'entretien; il ne fut interrompu que par la présence de Zoloé. — Il me fâche, dit-elle avec ce souris qu'elle sait rendre si gracieux, de vous séparer. Il le faut, nous nous réunissons chez Volsange, et j'imagine, monsieur, que vous acheverez là les cent mille questions qu'il vous reste à vous faire. Dom Fernance étant sorti, d'Orsec est venu. — Eh ! bien ? — Le mariage est conclu. — Les conditions ? — Point. Des conditions ! en vérité, tu rêves ! se rendre esclave l'un de l'autre ! il faut avoir perdu la tête. Non , chacun reste maître de ses volontés et actions. Il n'y a de commun que le nom et le logement ; du reste , les beaux dehors de la plus parfaite intelligence, un simulacre d'amour , ou d'amitié. — A-t-il percé le mystère de nos petites frédaines ? — Tu plaisantes. Il m'épouse avec mes faiblesses ; et pourvu qu'elles n'éclatent point, qu'elles n'identifient point son nom de guerrier invincible avec celui de c... ce mot là me répugne, passons là dessus. Tiens, Lauréda, je veux désormais être la prudence, la circonspection, l'honéteté même. — Te voilà, donc convertie ? — Tu ne veux donc pas m'entendre ? — Ah ! oui, sauver les apparences, n'est ce pas ?

A déjeuner, Dubuisson ! et un chocolat à la Tortoni, restaure ces dames: Susanne, nos toilettes ! et les voilà, au bout de deux heures, parées, belles comme Vénus même. Les chevaux à la voiture, Patrice ! et les chevaux volent chez Volsange avec ces dames.

Mille baisers, mille tendres inquiétudes sur le sommeil, le réveil. Bon; point de maux de tête, point de rêves affreux. Enfin on apperçoit Milord, ou plutôt on l'avait apperçu le premier, ce n'était pas son tour. Milord ici, si matin ! et il est deux heures !

Milord accoutumé à se lever avec

le père du jour, dès sept heures s'était
présenté à la porte, avait harcelé ,
suisses, laquais, suivantes et jusqu'au
cocher ; enfin jurant, pestant, allant ,
revenant vingt-fois, il est admis à dix
heures. Sa mauvaise humeur égalait
son impatience ; mais semblable au
soleil, lorsqu'il perce les nuages d'un
jour sombre, Volsange d'un mot , d'un
souris avait déridé ce front sourcilleux. Des baisers refusés d'abord ,
ensuite accordés, puis rendus avaient
scellé la réconciliation. Les yeux de
Milord exprimaient un air de satisfaction ; ceux de Volsange animés ,
une toilette un peu en désordre, un
coloris vif prouvaient qu'on ne s'en
était pas tenu à de simples préliminaires. Mille plaisanteries assaisson-
nent la conversation , et remplissent
l'espace qui reste à parcourir pour

arriver au dîner, Milord invité reste. Il avait pris possession, il n'y avait plus d'étiquettes à garder. Enfin on entend le fracas des voitures, des portes : on annonce Dom Fernance ; et peu après, le prince Guilelmi. Le dessert est à peine commencé ; n'importe, on passe au salon.

Il est bientôt rempli par une foule de femmes et d'hommes, les plus élégans et les plus à la mode. La légèreté et surtout la bizarrerie des vêtemens, l'air sémillant, étourdi de toutes ces têtes s'agitant, grimaçant, réfléchies dans les glaces, les riches éventails jouant sur les figures des belles, produisaient une variété très-divertissante. A travers une recherche infinie de parure, les coquetes avaient si bien ménagées des vides, la gaze était si transparente , le maintien si engageant, l'œil si fripon , le propos si badin, que le spectateur le plus novice eût compris qu'on ne se rendait là que pour préluder à l'embrâsement des sens, et en assouvir ensuite toutes les fougues.

On s'asseoit enfin. Les tables sont garnies. Ici la scène change. Le silence, un air soucieux succèdent à ces physionomies si épanouies, à cette évaporation si bruyante. Volsange avait arrangé les parties de jeu : Fernance , Guilelmi et Milord avaient l'honneur de former celle des trois amies. Mirval , d'Orbazan , Sabar se consolaient d'un autre côté avec des remplaçantes. Ils s'apprêtaient à rire aux dépens des nouveaux adorateurs de leurs vieilles habitudes. Il y avait

en effet de quoi s'amuser, en voyant
la prodigue générosité de Milord dont
les guinées roulaient avec rapidité
vers celles de Volsange ; les contorsions de l'Italien à chaque chance
malheureuse, et l'air grave de l'Espagnol dans la bonne et la mauvaise
fortune. Quelques bourdons oisifs cir-
culaient çà et là et paraissaient faire
diversion à la triste monotonie des
joueurs. En moins de deux heures,
les trois fédérées font une rafle com-
plète sur l'or de leurs adversaires.
Milord avait perdu quatre mille
louis sur parole ; et il ne s'arrêtait pas.
Il fallut que ces dames missent un
frein à cette fureur. — Leur bonheur, disaient-elles, était trop opi-
niâtre. Il n'y avait pas de générosité
à battre des vaincus. Elles se savaient
mauvais gré de les avoir engagés
dans

dans une partie si malheureuse. La fortune ne les favorisait tant que pour les maltraiter une autre fois.... elles n'avaient jamais été heureuses...

Cependant tous ces beaux propos, débités avec le ton de sensibilité le plus naturel du monde, ne rendaient pas aux perdans leurs pistoles, elles étaient passées dans la bourse des ames compatissantes de Zoloé, Volsange et Lauréda. Les étrangers disparurent les premiers. On n'est guères amoureux, quand on a joué sa ruine. Le sombre désespoir vous obsède ; et il faut que la main du tems en détruise les noirs accès. D'Orbazan, Mirval et Sabar partagèrent, dans un excellent souper, la bonne humeur de ces dames ; et ne les quitèrent qu'après avoir épuisé, dans leurs bras, les réservoirs de la jouissance.

Ainsi se termina cette journée, sans autres événemens que trois personnes ruinées, un festin et une nuit charmante pour les trois amies.

✳ ✳
✳ ✳

Partie de campagne.

MILORD avait revu son banquier. Ces messieurs là sont honnêtes dans ce pays-ci, ils vous obligent volontiers pour de l'argent. Ainsi au moyen d'un intérêt un peu plus fort et de quelques bijoux déposés en nantissement, d'autres rouleaux de louis vinrent encore meubler la poche de Forbess et lui rendre sa bonne humeur et son amour; l'Espagnol avait aussi employé la même ressource, Guilelmi en avait trouvé une dans l'espieglerie suivante :

Il avait connu à Milan un vieux juif nommé Piroto. C'était bien l'hom-

me le plus complaisant de toute sa
tribu. Jeunes gens qui voulaient se
soustraire à l'économie de leurs pè-
res, femmes au joug de leurs maris ,
moines qui avaient enlevé la caisse
du couvent, domestiques qui avaient
dépouillé leurs maîtres ; il accueil-
lait bénignement, protégeait toutes les
classes de la société ; et plus d'un
prince Italien , d'un illustre cardi-
nal s'étaient trouvés heureux d'avoir
recours à son crédit et à ses immenses
richesses : or cet honnête homme
avait quitté Milan , lors des premiers
troubles , et s'était fixé à Paris. Sa fille
follement éprise de Guilelmi l'avait
déterminé à s'établir dans cette capitale où son amant avait été envoyé en
ambassade. Guilelmi à force de souplesse et de circonspection avait su
captiver les bonnes graces de l'enfant

de Jacob; et la révolution ayant brisé toutes les lignes de démarcation de Prince et de Sujet, de Juif et de Gentil, rien ne s'opposait à la proposition de mariage du prince avec la gentille héritière de Piroto.

Elle fut agréée avec reconnaissance. On ignorait les liaisons et les pertes du rusé Italien. On remit à trois mois les engagemens définitifs ; il ne fallait guères moins que ce tems pour obtenir les papiers nécessaires à Guilelmi.

Le lendemain de son échec, à la pointe du jour, il arrive chez le futur beau-père. Surpris de le voir si matin, on lui demande ce qui l'amène : — Une affaire de la plus haute importance. Le gouvernement a admis ma soumission pour fournir l'armée d'Ita-

talie. Il y a des bénéfices immenses à
faire; voulez-vous être de moitié? parlez. — Pourquoi non ? répond le bon
Israélite, en se frotant les mains. —
Il y a, ajoute l'Italien, une seule petite condition que mon amour, et non
l'intérêt, me fait regarder comme in-
dispensable. Vous me passerez promesse de me donner votre aimable fille
en mariage à l'époque convenue, à
peine de trois cent mille francs que
vous déposerez chez un notaire et qui
m'appartiendront, s'il y a obstacle de
votre part à l'union projetée. — Et si
l'obstacle vient de vous, monsieur le
prince?.... — De moi, cher Piroto!
ah ! vous ne connaissez pas la passion
qui m'enflamme pour l'adorable Débo-
rah. Rien ne saurait la ralentir. En
supposant que vous craigniez ces difficultés de ma part, hé bien ! votre

dépôt vous est rendu, et **vous** en dis-
posez.

La vue d'un gain présent et incal-
culable l'emporte sur les craintes de
l'avenir. Un extrait de l'acte de dépôt
est expédié et remis dans les mains de
Guilelmi ; et avec ce titre important,
deux cent mille francs lui sont comptés
par un officieux banquier, à condition
que les cent autres mille francs lui
appartiendront pour risques, intérêt,
etc. La spéculation était d'un succés
certain. Car si les difficultés naissaient de Piroto, il perdait ses trois
cent mille francs ; et s'il n'y en avait
point, la dot de la belle juive était
hypothèquée en nantissement du prêt.
Il n'y avait qu'une chance à courir
pour le bailleur ; c'était l'hypothèse
où Guilelmi eût été assez insensé pour
refuser lui même de réparer sa fortu-

ne , en contractant l'engagement promis. Or c'est ce qu'on ne pouvait raisonnablement supposer. Ainsi avec ses deux cent mille francs dont il consacre une partie à acheter une commission de fournisseur , et l'autre à remonter sa maison , Guilelmi reprend le train de prince , et peut se présenter de nouveau sur la ligne des concurrens qui aspiraient aux faveurs de la chère Zoloé.

Ce fut chez elle que Milord arrangea avec ces dames et les favoris en activité , une promenade champêtre à quelques lieues de Paris. Forbess y a métamorphosé l'abbaye de B... dont il s'est rendu acquéreur , en une charmante habitation. La maison est magnifique ; les jardins sont vastes et agréables, les alentours délicieux.

Le noble lord a ajouté à tout cela des embellissemens de tous genres, surtout dans le goût anglais et italien. Au château sont attenants un parc bien planté, bien peuplé; des étangs très-poissonneux, un terrein considérable couvert de vignoble et de riches moissons. Malgré sa dissipation, Forbess aime la culture, l'entend et s'y livre, dans ses momens de calme. Un si beau domaine ne devrait-il pas combler tous les desirs de son heureux possesseur? mais, non, rien ne suffit aux goûts dépravés ou inconstans des hommes, ils préfèrent courir après un vain fantôme de félicité qu'ils ne saisissent jamais.

La frivolité de ces femmes ne les empêcha pas d'exprimer vivement leur surprise, en arrivant dans cette riante retraite. Le bon ordre et la magnificence des appartemens, l'art de la culture porté au plus haut degré, la diversité des promenades, les perspectives, les bosquets, les ombrages excitent leur enthousiasme.

Rien en effet n'est plus propre que la nature parée de tous ses charmes à produire dans les ames engourdies des sentimens d'admiration. La chasse, la promenade, la danse, la pêche, la liberté et la bonne chère ; tels sont les amusemens des oisifs dans une campagne : ils furent ceux de la société, plus les jouissances privées dont nous ne dirons rien.

A quoi on ne s'attend pas.

On avait fait de longues excursions, le soir longue veille , et la nuit longue séance de volupté : ces dames n'étaient pas visibles à midi. Les trois adorateurs en attendant leur lever s'étaient réunis ; et pour tromper leur impatience , s'étaient acheminés vers le bois. Insensiblement, la conversation s'anima, se prolongea , le sujet en était riche , intéressant. Le voici mot pour mot :

Zoloé est charmante , dit le prince italien. Si on pouvait lui faire un reproche, ce serait d'outrer le luxe et l'appareil ; et encore pourrait-on l'ex-

cuser , en considérant sa fortune et
la brillante destinée qu'on lui prépare. — Vraiment , dit Milord , on
parle de son mariage avec le baron
d'Orsec. — Lauréda m'a confié ce
secret, dit gravement l'Espagnol. Con-
coit-on une pareille union? — Je vois
bien, reprend l'Italien, que vous ne
connaissez pas le baron. Cet homme ne
rêve que la gloire et tous les genres
de gloire. Il ne se borne pas à être un
autre César, un Périclès , un Solon.
Il veut donner au monde l'exemple de
toutes les vertus qui ont honoré l'hu-
manité. Téméraire dans les combats ,
c'est pour montrer au soldat le chemin de la victoire. Impénétrable dans
le conseil ; il ne rassemble les opinions
que pour perfectionner la sienne ; et
celle qu'il adopte est toujours la meil-
leure ou la plus heureuse. L'avenir
se

se déroule devant ses yeux. Il sera
tout ce que lui permettra d'être le
destin de sa patrie. Il ne travaille que
pour son bonheur. Il irait à l'extré-
mité de la terre, moissonner de nouveaux lauriers, pourvu qu'ils concou-
russent à la prospérité de son pays. ==
Le gouvernement actuel est d'une ab-
surdité palpable: il l'admire et le craint,
mais le peuple ne voit en lui qu'un
héros ; ce héros le sauvera ; le plan
de son bonheur est tracé dans sa tête ;
tôt ou tard, il le mettra à exécution ;
les gens de bien soupirent après cet
heureux moment.

— *Milord.* C'est le seul homme
dont la nation Anglaise redoute la
politique, la valeur et la sagesse. Mais
nous avons Pitt, et quelques guinées
de plus ou de moins pourraient bien

nous en délivrer. — *L'espagnol.* Que dites-vous, Forbess ? C'est affreux, non, le peuple anglais est trop généreux pour desirer l'emploi de moyens aussi lâches. -- *Forbess.* Ne vous ai-je pas nommé Pitt ? — *L'italien.* Pitt échouera dans ses complots. Le génie de la France, et sa sagesse le protégent. Mais si vous ne devinez pas le but du mariage en question, le voici: Tous les partis en France se croisent, se choquent, aucun point de ralliement. Celui qu'on appèle aristocrate abhorre la domination des hommes qui sont couverts de crimes et de sang. Le forcéné démagogue est irrité de voir qu'on ose l'emmuseler, et que les prépondérans l'abbandonnent à son ignominie. Les peureux, les indifférens, qui forment le plus grand nombre, invoquent un seul maître qui joigne le courage aux lumières, les vertus, aux talens, et ils trouvent tout cela dans d'Orsec. Son mariage avec Zoloé lui attache une classe proscrite. L'éclat de ses victoires ne permet pas à la malveillance de s'en offenser. Il a fait ses preuves de justice et d'honneur envers tous les partis : tous l'estiment, le révèrent comme un ami et un homme supérieur. — *Milord.* Qu'il en soit ce qu'il plaira à la fortune, je ne veux pas m'en fatiguer ici. Me voilà en France : si la paix y règne, je serai citoyen de France, sinon je reverrai mes dieux Pénates. Je ne connais d'Orsec que par sa réputation et ses triomphes. Il ne peut que protéger tout homme ami de la paix et de l'ordre public. Quant à moi, je ne veux que jouir. Peu m'importe sous quel pilote arriver au port, pour-

vu que j'y parvienne sans tourmente
et sans naufrage.

L'Italien allait reprendre le fil de
son discours; mais l'amoureux Espagnol le fit arrêter, en lui rappelant
que ces dames devaient être visibles,
et qu'il était tems d'aller leur faire la
cour.

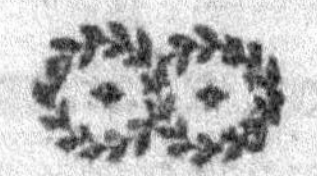

Scéne anglaise.

Ces dames étaient levées depuis longtems et très-impatientes. L'hu_meur se peignait dans leur physiono_mie ; quelques baisers, les saillies de Milord au déjeuner, les protestations de Fernance et l'empressement de Guilelmi la firent disparaître. Les cieux étaient sans nuage, pas un soufle d'air, l'ardeur du soleil embrâsait l'atmos-phère ; les dames n'avaient garde de s'exposer à ses rayons. Le relâchement du genre nerveux invite au repos. On préfére donc de ne rien faire et de causer. On parle de Romans : matière intarissable pour l'éloge et la critique. La pétillante Volsange se déclare

M 3

contre l'anglomanie. Elle réduit en poudre tous ces pompeux galimatias d'invraisemblances, entassés dans les romans modernes, resassés sans cesse et travestis par nos auteurs d'un jour. Ces tours, ces souterrains, ces descriptions hideuses, ces tourmens qui n'ont jamais existé que dans les cervelles dérangées des romanciers, lui paraissent autant d'insultes faites au bon sens. Forbess soutient l'honneur de la littérature anglaise, il a pour lui l'opinion de Zoloé et celle de Lauréda. Guilelmi et Fernance se renferment dans la neutralité. L'amour propre de Milord est atteint au vif. Il promet de s'en venger, et il tient parole.

On se rappèle que son habitation fut jadis un couvent. Or dans ce couvent,

il y avait des souterrains ; et cela pour
cause : ils n'ont pas été comblés. En
moins de soixante heures, les batte-
ries sont dressées, les rôles distribués
et la pièce jouée. Le dénouement doit
être terrible ; personne d'initié au mystère ; ni Lauréda, ni Zoloé , ni leurs
Agréables. Mais un mot sur le dîner.

Jamais on n'avait étalé tant de magnificence qu'à ce festin ; on y avait pro-
digué les productions les plus délicates
de toutes les parties du monde. Bacchus
lui même semblait y avoir présidé ,
et pour le choix des vins et pour l'ambroisie des liqueurs. Elles coulaient
avec une abondance, avec une suavité
à laquelle il était impossible de ré-
sister. Le dîner se prolongea longtems
et délicieusement.

Rien de plus souverain pour en cal-

mer la conflagration, que la fraîcheur
des bois, la faculté l'a dit; et l'expérience l'a prouvé. On s'achemina donc
sous le paisible ombrage des chênes,
et des hêtres, chaque dame escortée
de son cavalier. Peu à peu, les couples se divisent, s'isolent; le besoin
s'enflamme, on meurtrit la verte fou-
gère, on recommence, on se repose;
puis on pense à se réunir. Milord se
lève, donne la main à sa compagne.
Volsange apperçoit, au clair de la
lune, des ruines. — Ceci, dit-elle,
dépend-il de l'abbaye ? — Certainement, répond Forbess : je tiens de
mon intendant que c'est ici le chef-lieu
du grand chapitre. — Pourquoi
l'avoir détruit ? les restes annoncent
de la magnificence. — Vous ne voyez
pas tout. Ces débris masquent une jolie
cabane.

En effet en perçant un fouré de broussailles, on voyait sortir et s'élever à vingt pieds de terre une espèce de chaumière. L'isolement du lieu, les pâles rayons de la lune qui tombaient obliquement sur le toit de paille noire ; le chant lugubre des hiboux, quelques rocoulis d'oiseaux tapis dans les feuillages, les insectes qui bourdonnaient un son plaintif, donnaient à ce sauvage asyle un aspect effrayant et provoquaient aux plus sombres pensées. Milord ne disait rien, la main de Volsange, auparavant si décidée, tremblait dans la sienne. — Où me conduisez-vous, Forbess ? Serait-ce dans un tombeau ? — Quoi ! Volsange a peur ! où est votre intrépidité ? ne craignez rien, il ne faut pas juger sur les apparences. Il pousse le loquet d'une porte mal assemblée, et les

voilà dans une petite pièce d'une pro-
preté charmante. Les meubles étaient
assortis à la demeure. La lumière va-
cillante d'une lampe l'éclairait. Volsange admirait avec attendrissement le
portrait d'un hermite pleurant sur les
faiblesses de ses jeunes ans. Tout à
coup la lumière s'éteint, elle appèle
Forbess ; un silence profond. Le plan-
cher s'enfonce, elle tombe assez rapi-
dement dans une profondeur. Etourdie
de la chûte, ses sens l'abandonnent.
Son réveil est pénible. Elle ignore où
elle est, depuis quel tems elle habite
ce caveau. — O cruel, ô barbare !
s'écrie-t-elle à travers de longs san-
glots ; c'est donc ainsi que tu réalises
ta vengeance ! rassasié de mes plus
tendres prédilections, tu me plonges
dans un tombeau ! Je n'ai donc passé par
toutes les vicissitudes de la prospérité

humaine que pour être enterrée vi-
vante ! Et vous le souffrez, vous mes
amies, vous les compagnes insépara-
bles des mes plaisirs ; et vous n'arra-
chez pas le cœur de l'inhumain qui
a ourdi cette infâme trahison !.. Oui,
vous vengerez votre amie ... Puissent-
tous les fléaux de la justice humaine et
divine l'écraser à la fois ce monstre !...
Malheureuse ! à quelles vaines décla-
mations tu te livres ! Songe à mourir,
à te reconcilier avec le ciel. Hélas !
oui, je l'ai offensé.... Mourons dans
cette prison ténébreuse. . . . jeunesse,
beauté, plaisirs, tout est enfouie dans
cet abîme ! Le néant va s'emparer de
mon être !.... Je n'ai que des horreurs
en perspective. Cette pensée lui coupe
la parole, elle retombe une seconde
fois évanouie.

Enfin un soufle bienfaisant ou quelque alkali administré d'une manière subtile la rend à elle même. Hélas ! c'est pour déplorer son malheur. Est-ce une lumière qu'elle entrevoit de loin ; ou ses yeux fascinés lui font-ils illusion ? Cependant insensiblement la faible lueur augmente , et il lui semble que de tems en tems des figures hideuses en interceptent la communication. Elle croit entendre des gémissemens qui se prolongent dans la caverne , et le roulis des chaînes traînées pesamment. Un silence profond et effrayant succède à ces lugubres sons. Un violent coup de tonnerre qui se répète au loin interrompt seul ce calme affreux. Un effroi involontaire fait frémir tous ses membres ; des éclairs sillonnent la nuit de cet antre infernal : qu'apperçoit-elle ? des squelettes décharnées s'avançant

s'avançant lentement sur elle: ils s'ar-
rêtent à trente pas, et une voix ful-
minante qui semble sortir de dessous
terre, lui adresse ces paroles : « Vol-
» sange ! répons-moi !... as-tu vu la
» mort ! as-tu contemplé ses horreurs ?
» me voilà.... Comme toi, je fus
» favorisé des plus riches dons de la
» nature ; j'eus de la fortune, de la
» beauté, des talens, des amis ; je
» m'enivrai des plaisirs, de la gloire,
» des jouissances de tous les genres.
» On vantait mon esprit, on encen-
» sait jusqu'à mes défauts, on jetait
» un voile sur mes faiblesses, les roses
» naissaient sous mes pas, tous mes
» jours étaient un cercle d'amusemens
» et de délices ; le bonheur parais-
» sait en permanence sur ma tête : un
» soufle a renversé tout cet édifice.
» Vois ce qu'il me reste. Attouche

N

» ces ossemens qui soutiennent les
» débris de mon être...... » Et en même tems le fantôme s'approche dans
son appareil lugubre. « Ciel ! ciel !
» s'écrie-t-elle avec un accent de dé-
» sespoir , épargne à mes yeux cet
» horrible spectacle. Malheureuse !
» j'habite l'empire des morts..... »
Les éclats redoublés de la foudre, les
voûtes de l'infernal souterrain qui
paraissent s'écrouler , les flammes qui
voltigent de toutes parts, les gémissemens qui se font entendre , glacent
sa langue. Une sueur froide cou-
le sur son visage ; la nature épuisée
par des émotions si vives succombe.
Ses couleurs si fraîches et si belles
disparaissent ; son teint est livide ; ses
yeux éteints annoncent que sa dissolu-
tion est consommée.

C'est alors que le féroce anglais

éprouve à son tour la rage du désespoir. Son amour propre lui avait fait
inventer ces moyens de terreur. Il ne
voulait qu'effrayer sa maîtresse ; et il
l'a tuée. O qui pourrait décrire ce qui
se passe dans son cœur ? L'enfer s'en
est emparé et y exerce tous les sup-
plices. Il vomit mille imprécations
contre lui-même. Il appèle à son secours. L'écho seul de ces profondeurs
lui répond et ajoute aux horreurs dont
il est environné.

Cependant il approche une main
tremblante, il la porte sur le cœur
de Volsange ; il croit y sentir un reste
de chaleur et un léger mouvement.
Encouragé par une lueur d'espérance,
il se hâte de la tirer de ce funeste
lieu ; il charge sur ses épaules ce
précieux fardeau, et va le déposer ,

sur l'herbe. A genoux devant son amante, il invoque pour elle le père de la nature. L'haleine des zéphirs se fait sentir ; peu-à-peu, la fraîcheur de l'air, les sels raniment les parties subtiles de ce corps engourdi, la chaleur se dilate ; il apperçoit un mouvement ; Volsange vit, ouvre les yeux. — Où suis-je ? d'où viens-je ? ô dieux ! en appercevant Forbess, encore un monstre !.. — Mon amie, mon adorable amie, peux tu méconnaître Forbess ; chasse de vaines terreurs ; c'est ton amant qui t'en supplie..... — Toi, mon ami, mon amant ! ... Barbare ! toi qui m'as livrée aux furies de l'enfer ! retire-toi, ame féroce. Lache égoïste ! porte ailleurs tes secours et ton encens. Ou si tu veux me rendre un service, donne-moi la mort, et délivre moi de l'horreur de te voir.

C'est en vain qu'il implore son par-
don, qu'il embrasse ses genoux ; ni
les larmes, ni les prières, ni les pro-
messes ne peuvent ramener cette fière
maîtresse. L'amour - propre est piqué
au vif ; jamais femme n'a pardonné
une pareille blessure. Enfin ne pou-
vant la calmer par les voies douces
et amicales, Forbess s'irrite à son
tour ; il saisit son bras, et l'entraîne
au château malgré elle. Depuis plus
de deux heures, on les y attendait avec
impatience ; les plaisans se promet-
taient bien de s'amuser aux dépens
des tardifs par toutes les questions et
les propos badins qu'on adresse aux
amans. Mais en voyant entrer Volsange pâle, décolorée et dans l'at-
titude d'une femme excessivement
agitée ; en examinant ensuite l'air
consterné, abattu et les yeux enflam-

més de milord, on se douta bien que le bosquet avait été le théâtre de quelque scène extraordinaire. Volsange les tira bientôt d'incertitude en déclarant ce qui s'était passé, et qu'elle allait quitter sur le champ l'infâme, le scélérat, comme elle l'appelait.

Inutilement les amis s'efforcent de concilier ces esprits altiers. Après mille débats, ils obtiennent seulement que Volsange diffère jusqu'au lendemain son départ; ce qu'elle effectua dès l'aube du jour. La société ne tarda pas à la suivre. Milord ne vit plus qu'avec horreur ce séjour qu'il trouvait naguères si plein de charmes. Il revint aussi étouffer dans le tumulte de la capitale son chagrin et ses remords.

Conclusion.

LE dixième jour devait éclairer la célébration solemnelle du mariage de Zoloé avec d'Orsec. A peine ce tems suffisait-il aux préparatifs de toute espèce, auxquels il lui fallait présider. Forbess avait tenté inutilement à renouer avec Volsauge ; elle était restée inexorable. Le goût de Lauréda pour Fernance était devenu une passion impétueuse ; elle ne pouvait se priver du plaisir de le voir et de l'entendre.

Cependant Fessinot se reposait sur la fidélité de sa digne épouse ; mais il est par-tout de ces génies malveillans ou jaloux qui se plaisent à semer la division et les haînes. Averti par un

de ses charitables collègues des assi-
duités de Fernance ; il veut y opposer
son autorité. Lauréda reste séquestrée
de toute communication. Il croit tenir
son honneur en sûreté sous la sauve-
garde des verroux. Précautions su-
perflues ! Celui même qui éveille sa
jalousie s'empare de la place qu'il
conseille de si bien garder, et il est
encore aujourd'hui en possession de la
souveraineté.

FORBESS, chaque jour, parcourait
les assemblées, les spectacles, et ne
pouvait rencontrer Volsange. Les
agens les plus affidés avaient perdu
leur tems à la chercher. Milord sor-
tait de l'opéra sans avoir fait attention
à la musique, ni au sujet de la pièce.
Il appelait ses gens en colère. Un cavalier descend avec précipitation, le

heurte et le renverse. -- Chevalier,
s'écrie-t-il en fureur, vous m'insul-
tez. A demain huit heures du matin
au bois de Boulogne, ou je vous tiens
pour lâche. — A demain, Milord.

Le combat avait commencé; l'épée
n'ayant pu le terminer : le pistolet,
s'écrie l'un des champions. Le sort
décide qui tirera le premier, il favo-
rise Milord, il manque son coup; son
adversaire l'ajuste et lui perce la corne
de son chapeau. — C'est assez, dit
l'inconnu. Tu chancèles; lâche, reconnais Volsange. Et aussitôt, elle se jète
sur son cheval et part rejoindre Zoloé.

Ce jour était désigné pour son mariage. Il fut célébré en présence d'une
nombreuse assemblée. Parmesan de
son côté a tenu promesse à Mirval, et

lui a appris à respecter l'honnête mé-
diocrité. La marquise de Mirbonne
continue de se livrer sans mesure à
tous ses caprises. Fessinot devenu le
ridicule même, n'ose plus faire entendre sa voix au sénat. Guilelmi est
marqué du sceau de l'opprobre. Fernance dégoûté de la frivolité et de l'in-
constance française est rentré dans sa patrie. Sabar est tout-puissant et méprisé;
d'Orbazan l'idole du beau sexe, et le
fléau des mœurs.

Qu'on se rappèle que nous parlons
en historien. Ce n'est pas notre faute,
si nos tableaux sont chargés des couleurs de l'immoralité, de la perfidie
et l'intrigue. Nous avons peint les hommes d'un siècle qui n'est plus. Puisse
celui-ci en produire de meilleurs, et
prêter à nos pinceaux les charmes de
la vertu !

F I N.